新卒が
すぐに辞めない
採用方法

白根敦子 著

経営書院

はじめに

この本は、「少なくとも３年は、辞めない新卒を採る方法」を解説、採用選考時のディスカッション面接を人材育成の場とし、学生の意識改革をしてから採用できるようにします。人材育成型面接とも言います。さらには、このディスカッション面接を中核とする施策によって、企業理念の浸透、離職率低減、人材不足解消、コミュニケーションの活性化などの経営課題まで解決する方法をわかりやすく、簡単に仕組化できるノウハウを展開しています。また私どもは、コンサルティング経験50年からのノウハウで、新卒採用代行、面接官研修を提供しております。現場で実績を上げているテスト、ツールを掲載しています。

採用の現場は、入社して、２～３年目の方が担当することが多く、まだ人事の業務全体を把握しきれていないことを考慮して、採用、雇用環境にまつわる根本の問題を丁寧に解説、法制度について、本音を忌憚なく述べています。人事に関する考え方のベースを自然と身に付けた上で、自社の採用革新に取り組めるようにしてあります。

日本では、少子高齢化が叫ばれて長い時間が経っています。人材不足で、若手が欲しい現場は、常に忙しく案件に振り回されている状況かとお察しします。さらには、高い広告費をかけて新卒を採っても、すぐに辞めてしまう現状に「他社も同じだから」と改善することを諦めかけている方もいらっしゃるでしょう。

経営者の方にとっては、事業承継するにしても、人材不足で良い人材がいない状況では、会社を遺すことすら出来ないかもしれないという危機感をお持ちかもしれません。そこで、一度立ち返ってみていただきたいのですが、何のために会社を経営されているのか、いわゆる理念経営の概念ですが、会社は、理念を元にして、共に共創していくための組織です。創業の理念が社員にまで浸透し、それに賛同してくれる社員を採れていますか。人材不足だからと言って、採用基準に達していない人材を採用していませんか。あるいは、採用基準そのものが、あいまいだったりするかもしれません。採用基準をきちんと決める、さらに達していない人材は、育ててから入社させるという施策の実行に、この本を活用してください。環境を変えるのは、ニューカマー（新しく来た者）からというのが定説です。採用した新人の意識が高いほど、先輩方は、手本を見せなくてはと、襟を正しますから、自ずと会社は変わってくるものです。

学生と社会人の意識の乖離が大きくなっている昨今、新卒の人材育成は、会社の社会的責任と言っても過言ではありません。採用時から、人材育成は、始まっているのです。さらには、会社の理念に賛同する後進を育て、会社を承継していく人材を採るという重要な責務を担っているという自覚の上で、新卒採用に取り組んでいただきたいと思います。

この本が、貴社の新卒採用にあたり、単に新卒採用のノウハウを学ぶだけではなく、人材育成の一環であるという意識改革と「少なくとも3年は勤める新卒」採用の仕組づくり、採用革新を支援できれば幸甚です。

新卒採用コンサルタント
プロフェッショナル・キャリア・カウンセラー®
白根敦子

目　次

あなたの会社の取り組みをチェックしましょう

〈少なくとも３年は辞めない新卒を採るための現状チェック〉

□員数合わせをするために、多額の広告費を使って学生を集めている。

□「採用は、採用担当者の仕事だから」と人事部以外の社員は関与していない

□「仕事はお金を得る手段だ」と思っている

□「やりたくない仕事を命じられたら、どうするか」という質問にすぐに答えられない

□社員が卒業した大学を把握していない

□インターンの受け入れをしていない

□大学１年生から、スカウトする仕組みを考えたこともない

□採用基準は「良い人材」である（詳細の基準が決まっていない）

□適性テスト結果と入社後の業績の関係を検証していない

□配属先の上長から「今年の新人は使えない」と言われる

□人材不足だから「来てくれるだけでもありがたい」と採用時に、学生をお客さん扱いしている

□内定者フォローは、懇親会と称して、飲み会をしているだけだ

□内定者研修をしていない

□内定者研修は、マナー研修が主だ

チェックがいくつあったでしょうか。

どの設問も、少なくとも３年は辞めない新卒を採るには、ふさわしくない例です。

それぞれ、理由を見ていきましょう。

☑員数合わせをするために、多額の広告費を使って学生を集めている

新卒一人あたりを採用するコストは、100万円～200万円と言われています。多くが広告費です。広告の仕組みは、あっという間に変わりますから、ある程度は、広告代理店などに広告出稿を任せることは、致し方ないでしょう。しかし、広告を打つだけでは、ノウハウが自社内に残りません。今までかかっている広告コストの10％の予算でもいいので、採用からの人材育成の取り組みをして、離職率の低減を図る施策に取り組んでください。

⇒第２章から読んでみる

☑「採用は、採用担当者の仕事だから」と人事部以外の社員は関与していない

新卒採用は、将来の幹部候補生を選ぶ機会です。人事部に任せきりにするのではなく、会社ぐるみで取り組むべき重要な課題なのです。

まずは、経営者自らが、「新卒採用は、人材育成の始まり、

理念達成、後進に事業承継していくための重大な課題である」という認識をお持ちいただきたいものです。

⇒第３章から読んでみる

☑「仕事はお金を得る手段だ」と思っている
☑「やりたくない仕事を命じられたら、どうするか」という質問にすぐに答えられない

採用担当者自身が「仕事はお金を得る手段」、「やりたくない仕事を命じられたら、辞めればいい」と思っているのでしたら、大問題です。採用担当者としての「あり方」も学びましょう。

⇒第５章から読んでみる

☑社員が卒業した大学を把握していない
☑インターンの受け入れをしていない
☑大学１年生から、スカウトする仕組みを考えたこともない

早くから学生の取り合いとなっている今、社員の卒業した大学に出向き、キャリアセンター、ゼミの先生にご挨拶して、後輩に貴社を紹介してもらうようにするのは、当然取り組まなければならないことです。それに、同じ大学の先輩がいる会社は、親近感を持つもの。「先輩が活躍しているよ」などと面接時に話せた方が、学生から、より貴社に興味を持ってもらえます。インターンの受け入れで、学生に貴社を知って

もらうのは、もちろんのこと。大学１年生から、囲いこみを始めて、じっくり採用する体制を整えれば、毎年の人員不足の解決になります。就活対策セミナーと称し、学生を集めて、グループディスカッション面接の模擬を取り入れたセミナーと自社の紹介を兼ねたイベントを開催するといった取り組みも考えてみましょう。

⇒第８章から読んでみる

☑採用基準は、「良い人材」である

他部署に「どんな新人が欲しいですか」と聞くと「とにかく良い学生だったらいいよ」「素直で明るければいい」という回答が多いでしょう。それだけでは、採用基準が曖昧です。

そのような回答ゆえ、採用担当者と他部署の齟齬が生じて、苦労して採った新人を「使えない」と評価されてしまうのです。採用基準となる能力適性テストを自社で設定する方法を解説します。

⇒第９章から読んでみる

☑適性テスト結果と入社後の業績の関係を検証していない

テスト実施後、採点後の点数しか知らせない高いテスト、チーム構成（しかも高いコンサルティングフィーが発生する）性格テストなど、設問を検証しないまま、他社もやっているからと言って、実施していませんか。他社と同じようなテストを使っていては、当然採りたい人材は、他社と同じ層になってしまうものです。

採りたい人材像をはっきりさせるためにも、採用基準と同じく自社でテストを開発する手法をお教えします。

⇒第９章から読んでみる

☑配属先の上長から「今年の新人は使えない」と言われる

採用担当者としては、苦労が報われないひどい言葉です。しかし、それは、新卒採用を人事部のみで抱え込んでしまっているのが理由です。採用基準の策定、内定者フォローを早い段階から、割り振るなど、他部署を巻き込む施策に協力を仰ぎましょう。

そして、そんな言葉を言われた時こそ、チャンスと割り切り、「使える新人になるように、一緒に取り組みましょう！」と明るく返せるといいですね。

⇒第10章から読んでみる

☑「人材不足だから、来てくれるだけでもありがたい」と、採用時に、学生をお客さん扱いしている

入社までは、ちやほやしていたのに、入社した途端に、「社会人だから」と、社会人らしく扱うと、怒られたことが無い新卒は、ギャップに耐えられず、すぐに辞めてしまう原因となります。内定の段階で、学生と社会人の乖離を埋めておく

ことが、後々、「少なくとも３年は勤める社員にする」ことに繋がります。
⇒第10章から読んでみる

☑内定者フォローは、懇親会と称して、飲み会をしているだけだ
☑内定者研修をしていない
☑内定者研修は、マナー研修が主だ

お客様感覚で育ってきた学生にとっては、会社で働くこと、特に、アルバイトではなく正社員で働くことを理解させることが必要です。入社前の内定者研修では、将来の幹部候補生であることを伝えた上、ディスカッション面接をもう一度行う、社会人基礎力測定テストの設問を考えさせると、社会人、企業人としての意識が育ちます。
マナー研修は、形を教えることが主となりますので、このような意識を育てた上で行うと有効です。
⇒第10章から読んでみる

第１章

新卒採用を取り巻く環境

1　経済状況と2020年以降の展望

この本が出版されるのは、2017年の晩秋です。2020年の東京オリンピックへの期待感がどんどん高まっている時期です。

オリンピックといえば、スポーツ施設をはじめ道路や鉄道などのインフラ整備、外国人観光客のための宿泊施設建設など、数多くの先行投資がなされます。それを一要因として、企業業績は上昇し、株価も上がっています。実際に、東京オリンピック開催が決定した2013年９月８日直後から日経平均株価は上昇基調となり、株式市場も大いに沸いています。好景気を背景に、企業は、新卒採用数を増やしています。

しかし、東京オリンピックの経済効果は、東京オリンピック・パラリンピック委員会が発表した数字によると経済規模効果は、総額は５兆円。日本のGDPは年間約490兆円（2014年度、名目）なので、５兆円という経済規模効果は、1.02%

ですから、実は、微々たるものなのです。

今まで、米国以外の先進国でのオリンピックはその国の経済成長率を大きく上昇させることは少ないというデータもあります。さらなる問題は、日本の人口動態などを踏まえると、2020年あたりから生産人口（15歳以上65歳未満）の減少が加速することになり、それは潜在成長率を一段と下押しする可能性があります。ですから、東京オリンピック後の景気は、良くないというのが多くの経済学者の見方です。

このように、2020年以降の景気を見越すと、新卒採用は、員数合わせの採用をやめて、少数精鋭を人材育成する方向にシフトすべき時期が来ています。特に、採用母集団を形成するために広告に頼り切りで、自社にノウハウが残らない採用方法をメインとしてきた企業は、採用ノウハウを貯められるやり方を企業存続のためにも、すぐに取り入れるべきです。

2　新卒3年以内の離職率

さて、新卒を雇用しても、すぐに辞めてしまう現状をみてみましょう。

新卒の3年以内の離職率は、31.9％（H25年　厚労省）です。この30年くらいは、概ね3割が3年以内に離職する傾向が続いています。つまり3人に1人が辞めるという離職率が、ずっと続いてきました。人材不足、採用難の今となっては、離職＝大きな損失です。その離職率を限りなく0（ゼロ）に改善することは、人材不足解決策の一つとなります。

退職理由は、このようになっています。**（図表1）**

1位　キャリア成長が望めない　25.5％
2位　残業・拘束時間の長さ　24.4％
3位　仕事内容とのミスマッチ　19.8％
4位　待遇・福利厚生の悪さ　18.5％
5位　企業の方針や組織体制・社風とのミスマッチ　14.0％
6位　休日の少なさ　10.0％
7位　社内の人間関係の悪さ（上司含む）　8.8％
8位　企業・業界の将来性のなさや業績不振　8.3％
9位　評価・人事制度に対する不満　7.2％

10位　体力が持たない　6.7%

どれも、入社前に、内定者に業務内容を理解してもらっていれば、解決できそうな理由だと思えます。詳しくは第３章で解説します。

図表１　最も多い理由は「キャリア成長が望めない」

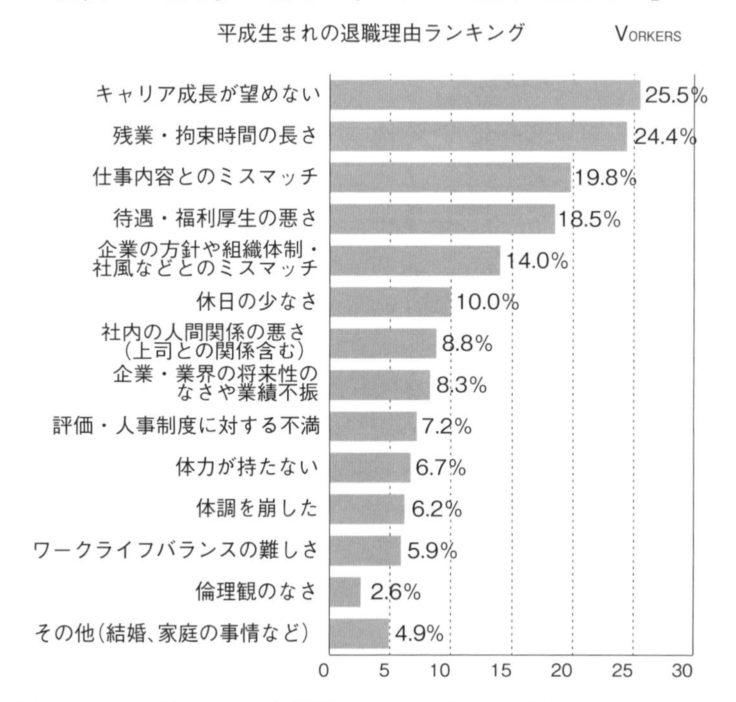

出典：Vorkers　働きがい研究所「就活生のための後悔しない会社選び　平成生まれの退職理由って？」
https://www.vorkers.com/hatarakigai/vol_14

3　学生と社会人とのギャップの大きさ

2009年から大学全入時代が始まりました。大学の定員が、入学希望者の総数を上回っているのです。それゆえ、大学は、生徒集めに必死です。現在、私立大では、約半数、中堅以下の私大では、約7割が、推薦・AO入試で入学します。推薦・AO入試は、一般入試以外のいわゆる「合格させる入試」です。

それゆえ、以前は、大学に入れなかった層も「Fランク大学」と揶揄される大学には、やすやすと入学できます。「Fランク大学」とは、予備校の河合塾が大学別難易度ランキングを作成した際に名付けられました。不合格者数が極めて少ない、または皆無なため、偏差値を付けることが不可能な大学・学部です。元々は「ボーダーフリーランク（偏差値設定がないレベル）」という呼び方を用いていましたが、この「ボーダーフリーランク」が「BFランク」、略して「Fラン」と呼ばれるようになりました。入試では、自分の名前さえ書ければ入学できるとまで、言われています。

なぜ、そのように揶揄される「Fランク大学」に入学する学生が後を絶たないのでしょうか。「Fランク大学」をめぐっては、「英語が中学一年生レベル」「算数は九九から」「就職先はブラック企業だけ」などの噂が知られています。

それでも、なぜ高卒で就職するでもなく、専門学校で特定の技術を身につけるのでもなく、学歴を得るために進学するのでしょうか。実は、「Ｆランク大学」への入学は、背景には高校教師が安易に大学進学を勧めるという実態があります。2017年春の高卒の就職率は、98％、大卒は、97.6％です。大卒より高卒の就職率が若干高いのです。しかし、就職後３年以内の離職率は、高卒40.9％、大卒31.9％です。ちなみに、中卒は、63.7％、昔から、「七五三現象（入社３年時点で大卒７割、高卒５割、中卒３割が会社に残る）」と言われる所以です。

高卒で就職する割合は、17.8％でこの15年程、変わりません。注目すべきは、「一時的な仕事に就いた者　進学も就職もしていない者」の割合が減り、その代わりに、「大学・短大進学者」が増えていることです。**（図表２）**

ゆえに高校から「Ｆランク大学」に送り込む背景には、このようなことがあります。「どうにか進路をつくってあげたい」と就職を世話する高校教師からしてみれば、せっかく就職しても、半数は、すぐ会社を辞めてしまいますから、間を取り持った教師の面目はつぶれて、高校の信用力も落ちます。すぐ辞めたOB、OGである生徒に、あらためて就職先の候補を開拓するのも厄介です。そんな訳で、誰でも入れる「Ｆランク大学」へ送り込み、「定職に就く」問題を先送りしています。私立大の学費は高いですが、もはや高利貸しと化

図表2　高等学校卒業者の進路状況

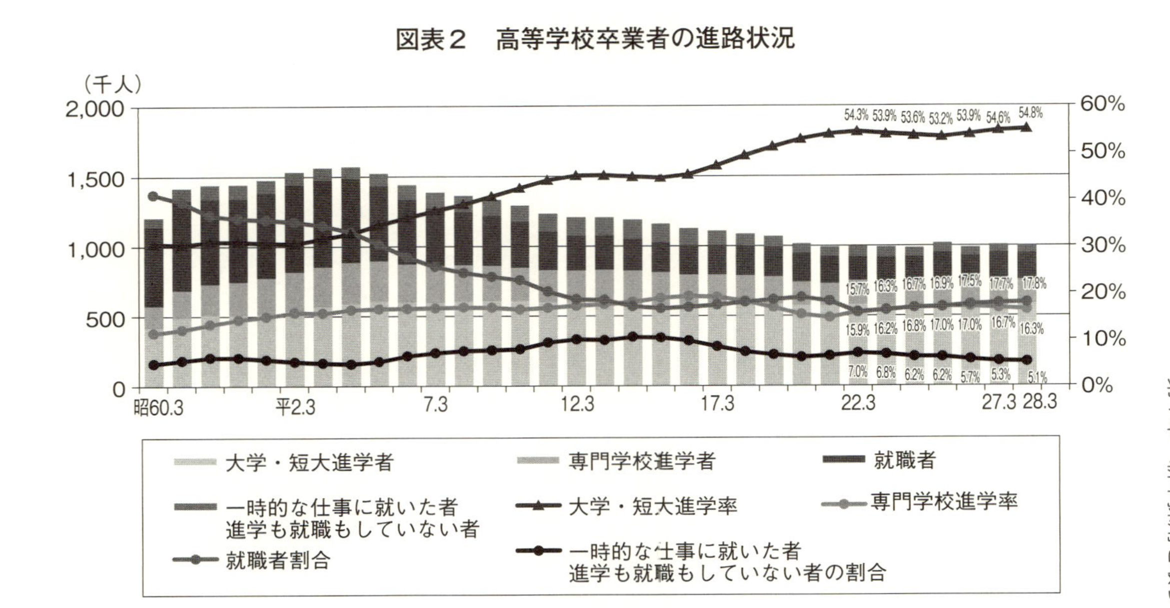

出典：平成28年度学校基本調査（確定値）の公表について高等学校卒業者の進路状況
http://www.mext.go.jp/component/b_menu/other/_icsFiles/afieldfile/2016/12/22/1375035_1.pdf

している奨学金を手当てしてまで、大学に入学させます。そこで、大学卒業後の返済は、「奨学金地獄」と言われ、もう一つの問題を引き起こしています。

知り合いの高校の国語教師から聞いたところによると、その高校は、ほとんど学級崩壊しているそうです。発達障害のお子さんが在籍し、奇声を上げたり、歩き回ったりしているそうです。そんな生徒の親御さんたちが「せめて学歴だけはつけてあげたい」と進学に熱心で、高校も生徒数が少なくなっているので、手厚いケアが出来る環境が無いのに受けいれてしまう、そして、やはり、「Ｆランク大学」に送り込む、という連鎖が起きています。

鑑みると、かつて、高卒時に一定数いた「一時的な仕事に就いた者　進学も就職もしていない」となる予定だった者が「Ｆランク大学」に流れ込んでいるといえます。

大学全入時代の弊害が、ここでも透けてみえます。さらにその後の就職後の離職率の高さが、人材不足の現在でも変わらないというところに、問題の先送りがされていることがわかります。

さて、このように「Ｆランク大学」の学生をはじめとして、厳しい受験競争を経験せず、「選考される」「落ちる」という体験をしてこなかった学生が、いきなり「落ちて当然」という宝くじ並みの就職活動に臨むことになります。２・３

社受けて、引きこもってしまう学生も多くいます。内定が得られないことから「自分は、社会に必要とされていない」と思い込み、部屋から出てこなくなってしまうのです。就職に成功した学生のエントリー（応募会社）数の平均は、30社～40社です。たくさん受けないと、内定が取れない状況を決して良いとは思いませんが、２・３社受けただけで、就活を止めてしまうのは、そもそも、「企業で働く意味」を考えていないからでしょう。

それと手書きのエントリーシートも一つの原因です。企業側が推奨する場合もありますが、手書きでエントリーシートを書かなければならないと思い込んでいる学生もいます。パソコンを使えないから、手書きでしか記入できないケースもあります。そうすると、２・３社のエントリーシートを書いているうちに疲弊してしまう、というのも原因の一つです。手書きのエントリーシートは、ホワイト修正液で修正することは許されず、Ａ３の書式を全部手書きするのですから、１枚書くだけでも一苦労です。それを応募企業ごとに、書くとなれば、嫌になってしまうのも共感できます。

余談ですが、企業の方にお願いしたいのは、手書きで履歴書、エントリーシートを求めるのは、もう止めていただきたいと思います。海外では、手書きのレジュメ（履歴書）を求められることはありません。学生が、スマートフォンを使い慣れているとパソコンが使えないケースがあり、致し方なく手書きで送ってきていることがあります。そんな新卒を雇って、業務の現場で、パソコンが使えなくてもいいのでしょうか。甚だ疑問です。学生には、入社前に基本のパソコンスキルを身に付けることを推奨する意味でも、エントリーシートは、手書きではなくパソコンで記入させるべきです。

一方で、文字の書き方で、メンタルヘルス予備群かどうかわかるので、手書きを見たいという経営者、人事担当者もいらっしゃいます。面接時やテスト時に名前を書かせることで、その筆跡を見れば、少ない文字数でも、判断できるのではないでしょうか。

そして、就活に失敗して、引きこもりが続くと、卒業時には、フリーター、ニートとなります。「一時的な仕事に就いた者　進学も就職もしていない者」の割合は、10.6％です。大学院への進学率は、12.1％ですが、そのうちには、就職できないからと大学院進学を選ぶ者も多く含まれています。**（図表３）**

さらには、大学４年３月の時点で、６人に１人は、就職留年を選んでいます。「希望の企業」に就職できなかったからと言って留年しています。大学側も30万円から50万円程度の学費を納めてもらえるのですから、留年を歓迎しています。しかし、留年した11万人もの若者が、次の年に希望の企業に就職できるかどうかわかりません。企業側としては、就職留年したからといって、学生のポテンシャル度をティアップし

図表３　大学（学部）卒業者の進路状況

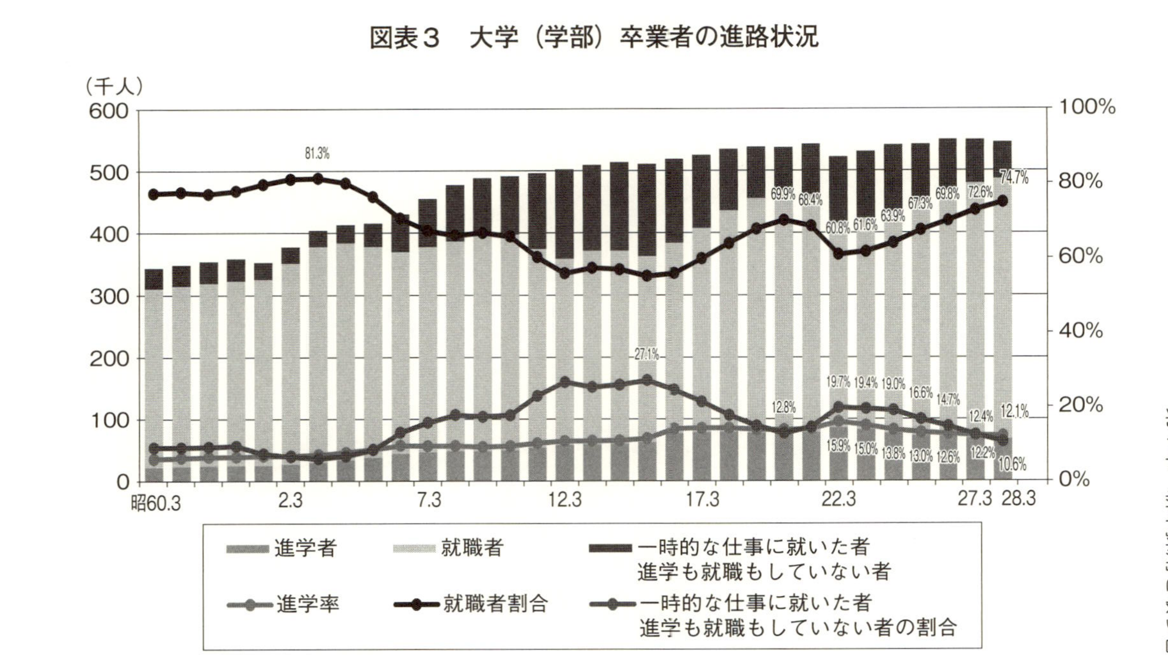

出典：文部科学省　大学（学部）卒業者の進路状況
http://www.mext.go.jp/component/b_menu/other/_icsFiles/afieldfile/2016/12/22/1375035_1.pdf

てくれるわけではなく、留年中の過ごし方によっては、マイナス要因になります。しかも、希望の企業に入社しても「思っていた業務内容と違う」「希望の部署じゃなかった」とすぐに辞めてしまうかもしれません。生涯賃金から考えると、留年は、リスクが高い勿体ない時間の過ごし方をしているのです。

ここでも、「希望の企業」という了見が狭い学生の思い込みをひっくり返せれば、あなたの企業で３年以上働く人材になるかもしれません。人材不足の解消のヒントが、ここにもあるのです。

4　学生と働く意識、現場のギャップ

大手の就職情報会社マイナビの調査によると、学生の大手企業志向が2010年卒以来、8年ぶりに過半数を突破。企業選択のポイントは「自分のやりたい仕事（職種）ができる会社」は回答項目の中で最も選ばれ38.1%、「安定している」が過去最高の30.7%となっています。**（図表4）**

「自分のやりたい仕事（職種）ができる会社」は、就職した企業にその職種があっても、実際に、そこに配属されるかどうかはわかりません。正社員は、雇用期限が無期限という特権を得る代わりに、勤務地、配属は、選べないものなのです。よく聞くのは、大手企業で華やかに見える広報や宣伝などの部署に行きたかったが、営業に回されて、「やりたくない仕事だから辞めました」という話です。学生にとっての企業選びは、「やりたい仕事（職種）」を確実にやりたいのであれば、それ専門の会社か、小さな会社をねらうべきとお勧めします。

学生は、大手企業志向なので、次点の「安定している」が選択ポイントとなっています。しかし、大手企業だからといって、グローバル社会の現在、何が起こるかわかりません。

ここからも、学生は、企業の仕組み、社会の仕組み自体の理解が、足りないことが透けてみえます。

図表４　「2018年卒マイナビ大学生就職意識調査」

■【企業選択】「安定している会社」が過去最高の30.7％。「給料の良い会社」にも注目が高まる

企業選択のポイントでは、「自分のやりたい仕事（職種）ができる会社（38.1％、前年比0.3pt減）」「働きがいのある会社（15.1％、前年比0.9pt減）」はそれぞれ５年連続で減少した。それに対し、「安定している会社（30.7％、前年比2.0pt増）」および「給料の良い会社（15.1％、前年比2.3pt増）」は２年連続で増加し、どちらも過去最高（※）となった。「自分のやりたい仕事（職種）ができる会社」は回答項目の中で最も選ばれた一方、割合としては過去最低の結果となった。文理男女別に見ると、文系男子では「安定している会社（34.5％）」が「自分のやりたい仕事（職種）ができる会社（33.7％）」を初めて上回った。大手企業志向の上昇に比例し、「安定」や「給料」への関心が高まっていると見られる。

※：2001年卒調査から「全体」の回答数値を集計開始

出典：2018年卒マイナビ大学生就職意識調査あなたが企業選択をする場合、どのような企業がよいと思いますか（２つ選択）

mcs.mynavi.jp/enq/ishiki/data/ishiki_2018.pdf

私が、面接代行をしていて思うのは、今の学生たちは、真面目ですが、視野が狭くて幼い感じがします。大切に育てられて、周りの大人が先回りをして、危ないものを排除してきたからでしょう。当たり前のことですが、就職を機会に学生は社会人として、独り立ちしなくてはなりません。それが出来ずに引きこもり、ひいては、自殺してしまうケースも聞いています。実際に、10年前の出来事ですが、私が携わった会

社でアルバイトしていた学生が、希望の企業に就職できないことを憂いて、自殺しました。大手企業を志望していましたが、推薦枠を得られなかったとか・・・。他にいくらでも良い就職先があったのに、視野が狭かったと慮るしかありません。若い命を絶たないためにも、皆さまには、関わる場で視野を広げる支援を少しでもしていただければと願います。新卒採用の現場は、学生と社会人のギャップを埋める、大切な人材教育の場です。採用の場は、選考の場ではなく人材育成の場として、学生と向き合ってください。人生の先輩から、様々な意味で、救われる学生もいるはずです。

ここまで、これらを見てきました。

・少子化による若い働き手の需要
・大学入試の推薦枠の多さによるメンタル面が弱い大学生の実態
・大卒のフリーター、ニートの多さ
・離職率について
・企業選択のデータ

いずれにも、人材不足を解消するためのヒントがあります。採用のボーダーラインに乗らなかった、引き込もってしまった、第二新卒など、採用に値しないように見える人材でも、学生と社会人のギャップを埋められれば、あなたの会社で即使える人材となるのです。

第2章

十年一日のごとき採用プロセスの現状
（じゅうねんいちじつ　長い年月の間変化しないで同じ状態であること）

1　2～3年で代わる採用担当者

採用の現場担当者は激務です。新卒採用シーズンは10ヶ月（1月～7月／9月～11月）。シーズン中は、土日祝祭日ナシ、連日夜遅くまで学生との対応に追われます。まさしく肉体労働、体力勝負の仕事です。したがって、若手向きの仕事であり、人事部に配属された新卒が、しばらくの間、従事することになります。採用の仕事は、ベテラン社員は誰もやりたがらないから任命しても文句のいえない新入社員にお鉢がまわってきます。休日なし、深夜までの業務に就いていれば、忍耐力の限界はすぐやってきます。せいぜい2～3年で次の新卒者が、あとを継ぐ・・・。この繰り返し。ほとんどの業務時間は、ネット業者と共同作戦で展開する母集団形成に関することです。母集団形成は、ネット業者主導で行われるため、その企業独自の明文化された採用マニュアルはないところがほとんどです。新卒採用市場は、毎年刻々と変わります。最新情報は、ネット業者が握っているため採用マニュアルをつくりづらいという理由もあります。あるのは代々の採用担当者が残していった当社の採用基準「こういう人を採って欲しい」と書いてあるＡ４判１枚です。採用担当者はもとより他部署のすべての面接担当者に、この紙がシーズン初めに配られていることでしょう。面接採用基準はどこの会社も同じ、すなわち「元気よく明るい人」。これを確認するための質問が10項目ほど記載されています。採用面接は、通常の業務の片手間だけに、面接担当者は、10項目の質問を手分けして、学生に質問します。質問項目はおおよそ次の通りです。

1　当社志望の理由
2　学生時代熱心に取り組んだこと
3　そのエピソード
4　学外での活動
5　これから取り組むテーマ（卒論やゼミ等）
6　自己PR
7　ストレス耐性
8　目標を立てて実行したこと
9　趣味・資格・特技
10　時事問題

役職者の面接担当者は、面接がいつ行われるか、学生主体で日時が決まるため、たまたまその時、手が空いている者が優先的に指名されて、面接会場にやってきます。一次面接から五次面接まで同じことの繰り返し。そうなれば、学生側としては、対策は簡単です。上記の質問に対して、市販マニュアル本に模範回答が書いてあります。それを丸暗記して面接で答えれば通る、ということになります。場数を踏んでくればスラスラ流ちょうに答えられるレベルに誰でも達することが出来ます。応対合格レベルに達した者から、内々定を獲得していきます。

採用担当者は、２～３年ごとに代わることと、時季的に決まりきった手順の繰り返しの仕事なので、自分を「採用事務取扱い」と錯覚する採用担当者が多くいらっしゃいます。それは、とても残念なことです。採用業務は従来の考え方を改め、やり方を改めることによって経営改革ができるほど大きな可能性を秘めた最重要業務なのに、本当にもったいないことです。

2　面接選考だけでは見抜けない力

さて、企業側が面接で見極めたいものは、何でしょうか。日本経団連の調査を見てみましょう。

1．2016年４月入社対象の採用選考活動について（1）選考にあたって特に重視した点「コミュニケーション能力」が13年連続で第１位、「主体性」が７年連続で第２位となり、昨年第３位だった「チャレンジ精神」と、同じく第４位だった「協調性」の順位が逆転した。

1位　コミュニケーション能力　87%

2位　主体性　63.8%

3位　協調性　49.1%

ダントツでコミュニケーション能力を重視しています。**（図表５）**

面接のやり方は、個人と集団、ディスカッションがあります。集団（グループ）面接では、メンバー間の滑舌度合いによって差が出ますが、回答内容は似たり寄ったり。時間的制約から、個人でも集団でも本音、本性を掴むことは難しいのです。そのような面接で入社した多くの場合、配属後の職場不適合から離職に至るか、離職の度胸もなく不本意ながら居

図表５　2016年度　新卒採用に関するアンケート調査結果の概要

2016年11月15日
一般社団法人　日本経済団体連合会

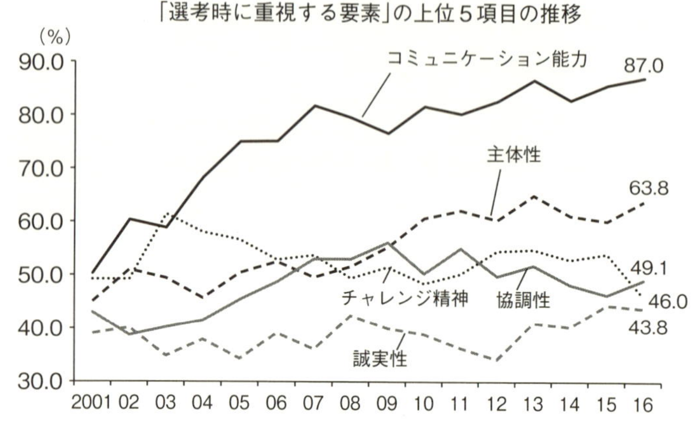

注：20項目から５つを選択。20項目の詳細は調査結果の詳細版を参照。

https://www.keidanren.or.jp/policy/2016/108_gaiyo.pdf

続け、期待と違う人になりかねないのは、３人に１人が辞める離職率が示しています。前述のようにＡ４判１枚の決まりきった質問、マニュアル通りの応答、すらすら処理できれば「コミュニケーション力」ありと判断し合格。こういうことが毎年なんの疑問も持つことなく続けられているからです。

本音や本性を見極める、特に正社員に要求される「コミュニケーション力」を見極めるには、集団の中で意見を戦わせ、合意をつくり上げていく過程における参画度を評価することによってのみできます。つまり、ディスカッション面接です。

組織には、正社員と非正規社員がいます。入社後、早々と正社員が多くの非正規社員を統率するリーダー役に就くことを計画して人員計画をつくり、これを前提に雇用される正社員は、リーダー役が有すべき「コミュニケーション力」の有り無しを面接で的確に評価されているか、評価表の評価尺度及び着眼点、留意点を見直してみる必要があります。十年一日のごとき採用プロセスにおいて、前任者から引き継ぎ何気なしに疑問を持たず使っている言葉としても「コミュニケーション力」がありますが、早期にリーダー役に任命する正社員が身に付けるべき「コミュニケーション力」と広義の「コミュニケーション力」となにがどう違うのかを見直してみる必要があるのです。見直したうえで、いまの選考のやり方にどう反映したらよいかは、採用担当者が考えるべきことです。

では、あなたの会社における「コミュニケーション力」は、どのように定義されていますか。

Wikipediaによれば、「コミュニケーション能力」をこのように解説されています。

コミュニケーションはラテン語：communicatioに由来しており、「分かち合うこと」を意味している。「コミュニケーション能力」という表現は様々な用いられ方をしており、以下のような意味で使われることが多い。

言語による意志疎通能力（# 言語学用語の「Communicative competence」を参照)。「コミュニケーション能力」という言葉は、元々は言語学の分野で用いられた学術的な用語であった。

感情を互いに理解しあい、意味を互いに理解しあう能力。感情面に気を配って、意味をわかちあい、信頼関係を築いてゆく能力。

非言語的な要素（相手の表情、眼の動き、沈黙、場の空気など）に十分に注意を払うことで、相手の気持ちを推察する能力（非言語コミュニケーション）

上記の非言語的な要素により知った相手の気持ちを尊重して、相手に不快感を与えないタイミングや表現で、自分の感情や意思を相手に伝える能力

意思疎通、協調性、自己表現能力

社会技能（ソーシャルスキル)。暗黙知。

上手にコミュニケーションを行うための体系づけられた知識、技術（コミュニケーションスキル)

合意（コンセンサス）形成能力

「論理的コミュニケーション能力」(自己の考えを論理的に明確に、相手に表現する能力)

会話のキャッチボールを上手く行える能力

項目名：コミュニケーション能力

発行所：ウィキペディア日本語版
取得日時：2017年10月25日　03：06（UTC）
URL：http://ja.wikipedia.org

何となくわかるようで、つかみどころがない、広義の意味となっています。

一方、学生にとって「コミュニケーション力」は、どのように捉えられているでしょうか。「コミュ力」といわれる若者言葉から紐解いてみますと、場の「空気が読め」て「笑いが取れる才覚」を含んでいることが特徴的です。「あいつはコミュ力がある」と評されるのは、同じ価値観のなかでの意思疎通や、雰囲気づくりが得意という意味があります。一方で場を読めないは、KY（空気を読めない）とも言われ、いじめの原因ともなります。

少し深堀りしてみましょう。ものをはっきり言う欧米人にとっては、「空気を読む」という便利で曖昧な言葉がありません。私は、仲が良いイタリア人の友人がいるのですが、例にすると、彼らは、とにかく自分の話をしたがります。他の人が話しているのに、自分の話をかぶせてきます。「空気を読む」ということはしません。他愛のない集りならば、それぞれが、自分の話したいことを主張し、カタルシスを解消して満足しています。しかし、何かをまとめなくてはならない話し合いでは、様相を異にします。話し合いの目的をきちんと提示して、それに向かってそれぞれの意見を侃々諤々と話し合うのは当たり前にやっています。例えば、驚いたのは、マンションの外装の色を決めるのでも、何時間でも話し合います。日本人なら、何となく「空気を読んで」(今、流行りの言葉でいえば「忖度して」)、予定調和的に決めることを何時間も話し合うのです。彼らは、普段から、価値観が違う人たちと話し合い、あきらめないでまとめる癖がついているのです。

つまり、「空気を読んで」という一言を解剖すると自分を含めた、大多数と思われる「意向」を曖昧な「空気」という言葉で表現し、空気にそぐわない人を一方的に排除しているということです。「空気を読んで」と言ってしまえば、少数派を批難することで話が終わってしまい、そこから先のコミュニケーションは、生まれないのです。「空気を読んで」と言って他人に要求すれば、自分の考えや意向、思っていることを明確に言葉にする必要がありません。

ウィキペディアによると「場の空気」の定義は集団や個々人の心情・気分、あるいは集団の置かれている状況を表す言葉です。つまり、「空気を読んで」(略してKY)は空気(多数派)を読めない・わからない個人(少数派)を批判する言葉であり、人とは違った考えや行動をとる人を無条件かつ短絡的にダメなものだと決めつける言葉であると言えます。少数派である「異なっていること」を排除するという発想自体は、「いじめ」と何ら変わりありません。このように、大学生までは、特に「KY（空気が読めない）と言われたら仲間にしてもらえない」ので、同質の仲間とばかり、集まり行動しているケースが多いのです。

ゆえに、これから解説する企業が求めるコミュニケーション力と、「空気を読む」＝「コミュ力」では、全く意味が違ってきます。

企業が求人広告等で応募者に要求している「コミュニケーション能力」は、ビジネスシーンにおいて発揮が期待される精選された「折衝能力」「交渉能力」「説得能力」を指しており、必ずしも対人コミュニケーション一般を円滑におこなうスキルを指すことではありません。価値観の同一者同士（学生）が和気藹々（わきあいあい）として日常的なコミュニケーションを図ることができることを「コミュ力」と定義すれば、企業はそんなものは求めていないのです。

就職シーズンとなると、学生間では「いかにして一刻も早く正社員採用の内定（10月1日前は、正確には内々定）を獲得するか」の戦術論・戦略論で大いに盛り上がります。この話題についていくことができるかどうか、このことはかなり簡単です。テーマは唯一つ、学生⇔学生、教授⇔学生間、学生⇔就職課職員、学生⇔家族間など、この時期、学生同士や学生を取り巻く利害関係者の価値観が一致しています。このような関係においては、「阿吽（あうん）の呼吸」「ツーカーの仲（互いに気心を知っていて、一言で直ぐ通じてしまうこと)」が形成されていて、黙っていても顔色を見ただけで相手が適当に判断してくれる。言葉や会話は十分ではないが意思疎通はお互いに図ることができるのです。これをもって、「自分はコミュニケーション力がある」と誤解している学生が大半です。

しかし、企業が求めるコミュニケーション力は、価値観が違う中での、もっと高度な意思疎通力、さらには、「利害調整力」なのです。たいていの企業は、学卒採用に当たり「正社員は幹部候補のみ」に絞り込んでいます。優秀な学生(人材)がいなければ枠に不足していても採用しないのです。幹部候補に足る人材でなければ学卒は要らないということ。来年採用すればよいという姿勢。それが、人手不足と言われていても、20歳代の非正規社員が50%を超えている理由の一つです。

幹部候補として正社員として入社した学卒はいずれかのチーム(部・課・係)に配属されます。チームを構成するメンバーをみると、正社員は、比率としては少なくなってきています。アルバイト・パートタイマー・派遣社員・契約社員・協力会社からの正社員・パートタイマー・契約社員というケースもあります。雇用形態が違う混成チームとなっています。チームメンバーの価値観がバラバラです。非正規社員においては、「一生懸命仕事に精励して会社に認めてもらい正社員になりたい」という人材だけではありません(最初からこの努力を諦めてしまって長年非正規の人も多い)。「自身のキャリア形成の一里塚としてこの仕事を経験したい。だから契約期限後はこの会社にいない」「もっと時給が高くて、自宅から近いところ、通勤費のかからないところを探している」「家計補助のため働いている。だからそんなに責任を負わされるのは嫌だ」「協力会社の利益のために働いている」など、さまざまな価値観の持ち主でチームが構成されているのです。チームの意識は決して一枚岩ではありません。

ですから、そのようなチームで求められるコミュニケーション力は、一言で「利害調整力」と定義できます。新卒は、入社して4年、26～28歳くらいで、グループのリーダー／サブリーダーとなります。すぐに、非正規社員を使いこなせるサブリーダー⇒リーダーになってもらわねば組織が持ちません。学生に対し企業が欲しているコミュニケーション力とは、チームリーダー／サブリーダーとして、経営数字必達のため、価値観の異なるメンバーをひとつにまとめて、一致協力、成果を上げさせるための力、すなわち「利害調整力」なのです。

もう少し、分解してみましょう。リーダー／サブリーダーの責務は何でしょうか。会社の経営年度目標は、社長が決めます。売上高、利益、経費、人件費、人数等々経営数字が詳細にわたり策定されます。この数字をもとに、最小の経営単位である当該チームにもきちんと割り振られてきます。リーダーとサブリーダーにとって、この数字は必達です。月次⇒四半期⇒半期⇒年度の区切りごと成果問われ、達成度合いで成果を評価されます。チームの構成は、正規、非正規、協力会社の人を問いません。勿論、メンバーの価値観など一切考慮されません。そのチームの中で、「知力・体力・信念・思想・態度・姿勢（心の中の有様）・利益追求に対するあくなき執念」をフルに駆使して相手を理解し、意思を尊重した上で、会社の意思を挺した自身の考え、やり方を理解してもらい、賛同してもらい、奮闘努力してもらい、業績・成果を上げ続けるのが、コミュニケーション力＝「利害調整力」です。

広義の「コミュニケーション力」と早期にリーダー役に任命する正社員が身に付けるべき「コミュニケーション力」と、どう違うのかを提示しました。あなたの会社でも求める「コミュニケーション力」を狭義に定義した上で、面接の準備をされることをお勧めします。

3　能力適性テスト結果によって、欲しい人材を取り逃がしている

高偏差値大学への入学が合格するのに必要な力は三つ「記憶力」「理解力」「集中力」と言われています。一方、企業で必要とされる力は三つ「直観力」「判断力」「実行力」です。大学までと企業に入ってからでは、求められるものが違うのです。

「記憶力」「理解力」「集中力」を持って、勝てる職業は、医師、弁護士、会計士、公務員、団体職員、教授・教師などが代表でしょう。

企業は「世のため、人のため」に「創業の理念や会社の目的」を拠り所に活動します。よって、組織存続発展の原資として「利益」を必要とします。企業目的は利益追求にあるとの俗説がありますが、この考えは間違いです。利益は「創業の理念」を世にあまねく敷衍（ふえん）するべく、その組織が発展するために必要とするツールに過ぎません。とはいっても、同じような創業の理念を掲げる同業者は多く、企業間競争は熾烈を極めています。グローバル化した国際競争のもとでは、「直観力」「判断力」「実行力」がある「生き馬の目を抜く」タイプが、会社にとって、喉から手が出るほど欲しい人材です。過去の事例から将来を予測するタイプばかりの組織は変化への対応が遅れ、いずれ企業は消滅してしまいます。

さて、いまお使いになっている能力適性テストは「記憶力」「理解力」「集中力」を測定評価するタイプではありませんか。

いまの能力適性テストで高得点を得た新人の入社後の勤務成績との関係を追跡調査していますか。

多くの企業は、能力適性テストは足切りのために使っていることが多く、勤務成績を予測する役割を果たしていないかもしれません。しかしテストの得点や評価と入社後の成績との関連性を調べてみることは、せっかく掛けているコストからいっても、当然やっていなくてはならないことです。十年一日のごとき採用プロセスにおいて、前任者から引き継ぎ何気なしに疑問を持たずに使っているものにも理にかなっているか否か見直す必要があるのです。

では、これからの企業人が持つべき「直観力」「判断力」「実行力」を測定、評価するにはどのような手段があるでしょうか。既存のテストを使用する場合もあれば、実は、この3つの力を測定するテストは、自分（採用担当者）がつくればいいのです。

どのようにつくるかというと、この三つの力をさらに細分化し多角的な評価項目（能力要素）に細分化することが必要です。テストの仕方は、机上ではなく、面接時に、集団の中で課題を与え討議させ、グループとして結論を出させる過程においてどのぐらい参画したか、メンバー個人のもつ「直観力」「判断力」「実行力」をもって集団の中でどのような役割を果たしかを観察することで測り、評価することができるのです。ここで、面接で一人ひとりに、この三つの力の有り無しを聞きただしたところで詮無いことです。合格したいがために全員が「あります」と答えるからです。

では、どうしたらよいでしょうか。

評価項目により、面接採用者が評することで、「直観力」「判断力」「実行力」の有り無しは、判断できます。（123頁第７章参照）

4　会社説明会で美辞麗句を並べ立ててはダメ

学生は、就活時期になると、希望業種や希望職種をネット業者に知らしめておけば、時期になると会社説明会の案内が、業者から一括して手持ちのスマホに送られてきます。タップ一回で、多数の会社へ同時に出席希望の意思表示ができる便利な仕組みになっています。待っていれば情報は相手からやって来る・・・。こんな便利でありがたい時代が、長続きするとは思えませんが現状です。学生側にとっては、選り取り見取りです。タップ一回のあとには間髪を入れず、今しか登録できない企業がある、関連業界・業際職種等々の説明会情報の続報が次々と飛んできます。学生は、こちらにも抜け目なくタップ一回。するとネット業者には、多額の広告料が入ってきます。説明会の告知は、企業がネット業者に高額の広告料を支払っています。説明会への出席率は40～50％程度（有名大企業は除く）。説明会出席者数を母集団といい、会社説明会告知及び説明会出席希望者への出席勧誘を母集団形成といいます。

会社説明会では、採用担当者が説明員を兼務することがほとんどです。説明員は、せっかく来た学生を逃がすまいと必死です。見栄えのいい入社案内を用意し、美辞麗句を並べ立てた説明に余念がありません。説明会には本来、ES（エントリーシート⇒履歴書ともいう）を持参提出が礼儀ですが、義務付けると出席率が大幅に下がるので次の段階に持参するよう条件を緩和している企業が多いのが実情です。

ESの会社志望欄の記述を読むことによって、説明員が自社のなにをウリにしているかすぐ分かります。働きやすく成長しやすい環境、安定性、楽しみながら仕事ができる、充実した福利厚生、十分配慮された教育制度やフォロー制度、手厚い研修、成長していくことができる環境、働きやすい環境、安定した環境などがちりばめられた志望要項には要注意です。いずれも、簡単に相対比較できる評価要素なので、入社した後、自社を超える同条件があれば、容易に離職理由になるとともに、退職できる度胸や実力のない者は長年にわたり不平不満分子として会社業績の足を引っ張る社員として組織に居残る存在となります。

この説明員が十分準備をせずに、説明会に臨んだ場合、月並みなウリ言葉で関心を引こうとしますが、出席者の説明会出席社数は、平均十数社、どこでも同じ言葉を聞かされうんざりしています。

では、学生に「これぞ私の探していた会社だ！」と思わしめるウリは何でしょうか。
説明員がこの会社で採用担当者として職務に精励している動機は何でしょうか。

説明員が、この組織に所属している真因は何でしょうか。

これらを分かり易く親切に説かないと、説明会以降に学生の辞退、もしくは、進んだとしても入社してからの離職と相成ってしまうのです。説明会は、説明員にとっても真剣勝負の場です。美辞麗句ではなく、ご自身と所属している企業との関わりをもう一度見直して、次のプロセスである人材育成型面接の下地をつくるように尽力してください。

5　離職者予備軍をつくるのは企業の十年一日のごとき採用プロセスにある

厚生労働省は平成28年10月25日、新規学卒者の離職状況（平成25/2013年３月卒業者）を公表しています。今回の取りまとめにより大学卒業者の31.9％の人が、卒業後３年以内に離職していることがわかりました。前年に比べて0.4ポイント低下はしましたが過去４年連続して離職率30％台で推移しています。

業種別にみると、宿泊業・飲食サービス業が50.5％と最も高く、生活関連サービス業・娯楽業が47.9％、教育・学習支援業が47.3％とつづきます。企業の規模別にみると、従業員千人以上は23.6％なのに対し、５人未満は59.0％で小規模ほど離職率が高いのです。（図表６）

採用担当者としてこの結果をみて何を考えますか。このような気付きが得られませんか。

＜６つの仮説＞

1　３年以内離職者の退職理由を正確に知ることが必須である。

2　思い込みや相対比較して現組織の劣後を理由とする退職には予防策が必ずあるはずである。

3　退職したいが度胸がなく年ばかり取っていく不平不満分

図表6　新規大学卒業就職者の離職状況（平成25年３月卒業者）

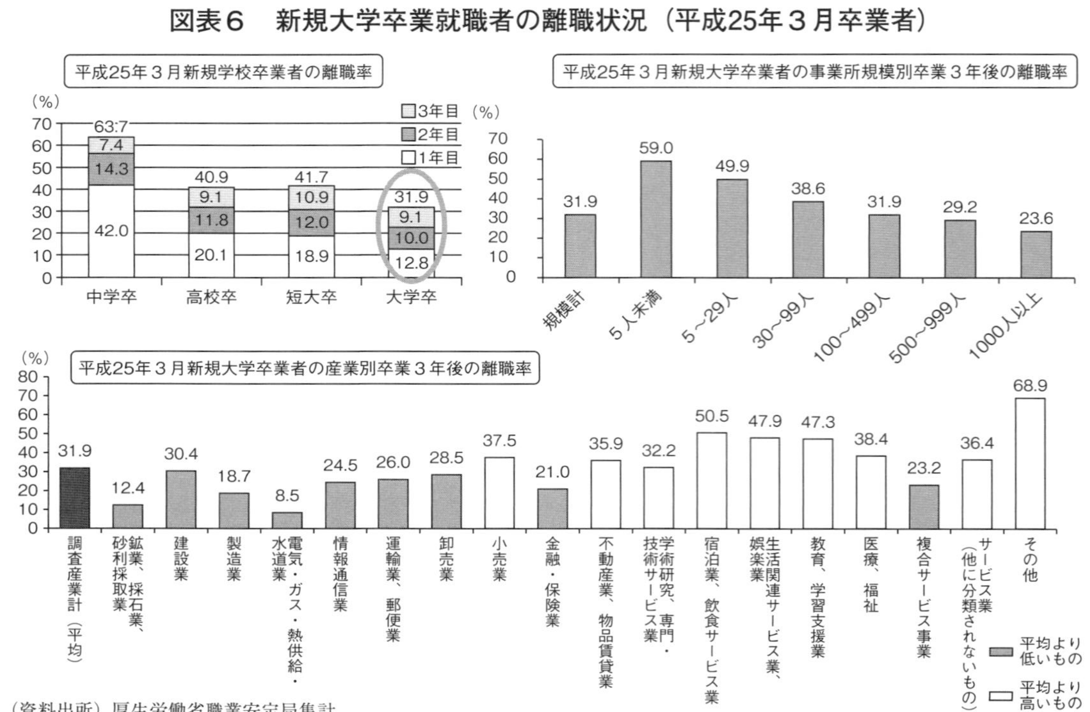

（資料出所）厚生労働省職業安定局集計

子が組織に大勢いるはずである。

4　思い込みや相対比較して現組織が劣後していると誤解し不平不満を持つ者を出さない防止策が必ずあるはずである。

5　採用選考時に「思い込み」を払拭させれば離職はなくなるとともに、意欲ある挑戦的なビジネスパーソンに育成することができるはずである。

6　企業間を子細に比較すれば優位／劣後の要素はいくらでもある。こんなことに囚われず、つねに前向きに仕事に没頭できる意識を、採用選考時に持たせることができるはずである。

現状は、いかがでしょうか。

採用担当者は、採用業務をたんなる採用事務の進捗管理役と考えて仕事をしていませんか。

年度目標を設定し、達成するための計画を企画立案し実行していますが、母集団形成に注力しすぎていませんか。

採用計画数確保を優先し員数合わせで責務は終わりと考えていませんか。

（採用計画数には積年の短期離職者の補充分が上乗せされているのです。上乗せがなければもっときめ細かい戦略・戦術の展開が可能となり、もっとやりがいのある仕事になり、実績も上げることができるのです。）

現場の接点をネット広告業者や採用代行業者任せにしてい

ませんか。

せっかく採用したがザルに水を灌ぐような結果になっていませんか。

内定者の歩留まりはいいが、士気が上がらず業績の上がらない組織となっていませんか。

現状を鑑みて、上の６つの仮説を一旦信じて、やってみようではありませんか。否その前にこの本と共に「策」を考えてみようではありませんか。仮説から具体策の立案実行、成果の確認まで一連の流れを「採用革新」プロセスといいます。これより「採用革新」に鋭意取り組みましょう！

第3章

企業が正規社員に求める責務

この章では、正規社員の定義、非正規社員との違いについて、人事担当者として知っておいてほしい知識を丁寧に解説します。（補足：ここでの正社員については、主に総合職についての記載となります。）

1　正規社員と非正規社員の違い

正規従業員（以下、正社員という）と言われる労働者は雇用期限の定めのない労働契約を締結したうえ就労を開始します。雇用期限の定めがないといってもその企業には「就業規則」がありその条項中に定年年齢が記載されており、当人の満年齢が到達すれば雇用期限はその時点で終了です。ただし平成24年（2012年）からの「改正高齢者雇用安定法」施行以降、満65歳まで年ごとに自分の意志で継続勤務を希望すれば会社側は応じざるを得ないことになりました。

注：労使協定により基準を定めた場合は、希望者全員を対象としない制

度も可とされているが、この規定は平成25年（2013年）から段階的に廃止されます。

実質的に定年は満65歳となっています。正社員として満22歳で入社すれば、なんと43年間同一会社において勤務することができるのです。言い換えると、会社は正社員を一旦雇用すると、以後43年間雇用し続けなければならないことになります。正社員が自分で会社を辞める手はあります。自己都合退職といわれるものです。

一方、会社は正社員を辞めさせることができるでしょうか。これはできません。正社員を特定し退職させることを整理解雇といいますが、理由が厳しく制限されているため実質的にはできないと考えるのが至当です。

入社後配属先で正社員は「辞めさせられない」ということは、手厚い就業規則からすぐ実感できます。職場の同僚に会社に対して陰でいつも不平不満を言っている社員が少なからずいますが、なんのお咎めもナシです。これらのことから「ああ、なるほど、辞めさせられることはない」と思えるのです。正社員が４月１日に会社と取り交わす「雇用契約書」には、雇用期限について「期限の定めナシ」と記載されているのが特徴的です。たいてい勤務場所や仕事内容は新入社員教育や職場実習の終了後に配属先が決まるので明記されていません。これで、43年間雇用が保証されたと新入社員は喜々として契約書に署名捺印するのです。同時に人生に大きなリスクを抱え込むことになります。勤務地と仕事に就いては会社に白紙委任したことになるからです。つまり、43年間「なんでもやります。世界中どこへも行きます」ということを約束したことになります。会社の命じた仕事や勤務地を正当な理由なく拒否すると就業規則の懲戒規定にある「正当な理由なく、業務上の指示・命令に従わなかったとき」に該当し、最悪の事態では、「諭旨退職（合意退職に応じるよう勧告する）」や「懲戒解雇（解雇予告期間なしに即時解雇する）」される恐れがあります。このことを正社員は知っているので、会社に一生（退職までの間）を預けることになり、反対給付は43年間の生計を維持できる報酬を得ることなのです。一方会社も大きなリスクを負うことになります。43年間その正社員に対し、仕事を与え十分な報酬を与え続けなければならないというリスクです。

そのため、一人前になるまで会社負担で正社員に対しては至れり尽くせりの教育が用意されています。満28歳（入社6年目）が節となりますが、この辺りがリーダー就任。満32歳（入社10年目）が次の節目で、この年齢になると係長クラス（小規模企業においては課長クラス）が人事制度運用の基準となっています。この間、職場を離れて集合研修が何回か企画実施されます（OFFJT）。日常は上司によって自分の跡取りを育てるような気づかいでOJT（職場内訓練）が懇切丁寧に実施されます。会社と正社員の利害関係は一蓮托生といってよいでしょう。このような親密な関係にあるということは、業績が落ち込み会社が倒産、縮小するようなことになれば、正社員は本人はじめ家族全員が路頭に迷うことを意味します。そうならないよう会社のため、自分のため必死になって働くのが正社員なのです。

一方、非正規社員の「雇用契約書」は雇用期間のほかに、勤務地、仕事の内容、労働条件等が詳細に決められ、これらについて事前に十分な説明を受け、納得したうえ署名捺印し、就業が開始されます。就業する仕事に関して実務教育は施されるが、期間限定の仕事ゆえ将来のキャリア開発に係るビジネススキルに類するものは一切教育しません。上司の指導は現場の仕事を円滑に処理するための処理手順等の指導にとどまります。契約期間終了時、契約更改されない場合、この時点をもって「雇止め」となります。契約期間があらかじめ決められているので、期間中の解雇はありません（個人の責めに帰すべき事由を除く）。

2　整理解雇四要件

正社員の雇用が法的に守られていることについては、整理解雇四要件を知る必要があります。ここで学んでおきましょう。

労働基準法第20条（解雇）第１項では「使用者は労働者を解雇しようとする場合においては、少なくとも30日前にその予告をしなければならない。30日前に予告をしない使用者は30日分以上の平均賃金を支払わねばならない。」第２項において「前項の予告の日数は、一日について平均賃金を支払った場合に於いては、その日数を短縮することができる。」

この条項によって使用者は労働者を自由に解雇することができると解釈している使用者や管理者がいますが、とんでもない誤解です。この条項は解雇の手続きを定めたものであって、解雇権はむやみに行使できません。民法第１条（基本原則）第３項において「権利の濫用は之を許さず」とされているからです。また、労働契約法第16条（解雇）において「解雇は、客観的に合理的な理由を欠き、社会通念上相当であると認められない場合は、その権利を濫用したものとして、無効とする」とされています。

就業規則の「懲戒の種類と懲戒事由の適用」等の条項において規定される正社員個人の責めに帰せられる事由で客観的

に立証できる場合を除き、正社員が雇用の危機にさらされるのは会社が倒産の危機に直面した時です。このような場面においても正社員の雇用は徹底的に守られています。それが「整理解雇四要件」です。

整理解雇とは指名解雇のことです。整理解雇四要件は法律に規定されているものではなく、過去の最高裁の判例です。正社員の指名解雇に至るまでは次の条件と段階を経ることが必要です。まず「整理解雇四要件」とは、整理解雇の必要性（企業の高度の経営危機、すなわち企業の維持・存続を図るためには人員整理が必要）、整理解雇回避の努力（退職者の募集、出向、配置転換その他余剰労働力吸収のために相当な努力が尽くされたこと）、人選の合理性（被解雇者選定のための整理基準そのものが合理的なものであり、かつその基準の運用も合理的であること）、労働者側との協議（解雇の必要性・時期・規模・方法・整理基準等について、労働者側を納得させるための真剣な努力がなされたこと）以上四要件を充足して始めて整理解雇は認められます。一つでも欠けると認めないとするのが裁判所の一般的な考え方です。

さらに解雇の順序があります。いきなり正社員を解雇することは四要件の三（人選の合理性）に触れることになり「権利の濫用」として無効になります。解雇者の選定にも一定のルールがあるのです。一般的には次の順序を踏むべきと考えられています。

パートタイマーの解雇、定年退職者の解雇、臨時労働者の解雇、正社員の希望退職者の募集、常用臨時労働者の解雇、正社員の指名解雇の順です。通常、パートタイマーや臨時労働者は、景気変動による雇用量の調整としての性格があり、希望退職の募集は指名解雇の前提条件であることから標準化したものです。強制解雇を行うに至るまでは、経営不振に対処すべくあらゆる努力を講じなければならないのです。

これで正社員の雇用は最後の最後まで保護されるということが理解できたと思います。

このように、企業と雇用される正社員の利害は一致しています。正社員は企業の発展と自身の保身のために文字通り一所懸命に働くのです。会社もこれに応えるため働きやすい環境整備に努めるとともに、能力向上を支援するためにOFFJTとOJTをもって人材育成に努めるのです。両者の関係は共存共栄の価値観でしっかりと結ばれています。ですから、企業が整理解雇四要件を行使するときは、よっぽどの時。慎重に実行しなくてはならないのです。

3　正社員にも二種類あり

日本の雇用システムは、「終身雇用」、「年功賃金」、「企業内訓練」、「ジョブローテーション」、「定年退職」などの特徴を持っています。新卒の一斉採用もその一つです。また、「メンバーシップ型労働社会」とも呼ばれています。

一方、欧米の雇用形態は「ジョブ型労働社会」と言い、企業は、それぞれの仕事にふさわしい知識や技術を持っている人を採用します。転職と個人のスキルアップが当然とされるので、人材の流動化が進んでおり、外部労働市場といわれる人材のプールがあります。日本のメンバーシップ型では、会社に人を入社させた後に、ふさわしい仕事を与えるという全く反対の仕組みです。内部で人材を調達するので、内部労働市場が発達していると言えます。新卒は、ポテンシャル採用ですから、明確な知識や技術は、持っていません。企業内で学ばせていくわけです。

外部労働市場では、その仕事にふさわしいスキルに加えて、どの会社でも通用する「一般能力」が求められます。それに対して内部労働市場では、その企業の中でのみ通用する「企業特殊能力」が求められます。日本の企業は、なんでもカスタマイズしたがるので、それに対応することも内部労働市場が発達している一要因です。

グローバル社会において、日本の企業が、これらの労働市場の良いとこ取りをしようとした結果、非正規社員を人件費の変動費化に使っている一方、正社員を業績で判断せず、硬直化した雇用の仕組みの中で守っているという実態をあなたご自身がどう考えるか、ということも考えてみてください。

内部労働市場を重視する日本企業の場合、4月に一斉に入社させ、全員に企業内訓練を通じて企業特殊能力を習得させ、徐々に上の層に昇進させていくことが必要です。そのスタートラインとして、新卒一括採用の仕組みが必要になるわけです。そして、同じタイミングでスタートした社員は同じタイミングでリタイアすることになります。これが定年退職に当たります。一括採用、かつ、まだまだ制度上、終身雇用である日本では、新卒採用は、ポテンシャル採用です。長期雇用を前提とした日本企業は、各職務・階層の人材を内部で教育／育成し、内部で調達する組織です。社員はさまざまな部署と仕事のローテーションを通じて、スパイラル状に昇進していきます。

一方、海外、特に米国などでは、各職務・階層の人材を外部から調達する「外部労働市場」が主流です。企業が求めるスキル、経験の条件がはっきりしています。それに合致する即戦力としての活躍を期待されています。また、採用時に企業側が求める条件が、はっきりしているのです。前章でみたように、日本では、「コミュニケーション力」を新卒に求めていますが、その定義も到達度（力の強さ）も全くはっきりしていません。

通年採用であれば、ポテンシャル採用とは、潜在能力を重視した選考のこと。即戦力でなくても、今後、大きな成長が期待できる人材を採用することです。不況時に新卒採用枠を狭めていた企業では、20代の人材不足は深刻な問題になっています。企業は、存続という使命のために、新卒を確保せざるを得なく、現在、このポテンシャル採用と称して、20代の人材の積極採用を実施する企業が増えているのです。

この4月1日付けにて大学（大学院）卒業者を一括採用し一斉入社させ、その後長期に渡り教育し一人前のビジネスパーソンとして育てていく正社員をプロパー社員（生え抜き社員）と呼びます。プロパー社員は将来の幹部候補生として位置づけられています。他方、業務拡大にともない、人手不足となり人員増の必要性が増した場合、コストを換算すれば非正規社員でしのぎたいところとなります。しかし、永続的な発展が見込める場合は、正社員で対応したほうが得策と判断すると、経験者採用（中途採用）をすることになります。当然その仕事についての専門知識や経験を具備した人材を採用します。入社後即職場配属となります。短期間の導入教育は行いますが、あとは本人のこれまでのキャリアを存分に発揮してもらうことになります。

ここに同じ正社員でもプロパー社員とは言うに言われぬ区

別があるということになります。かたや幹部候補生、かたや「助っ人」です。プロパー社員は「同じ釜の飯を食べた」同期です。入社早々「同期会」が結成されています。この同期会は昇進時期がある程度、同時の時期が終わるまで活発に活動します（課長職拝命者がぼつぼつ現れるようになると活動は下火になります）。そしてインフォーマルな社内組織として存在します。万一プロパー社員が、退職した場合、中途採用正社員をもって補充するという考え方はありません。一年待って次年度のプロパー社員がその穴埋めとなるからです。「あれはプロパー、あれは中途」という境界意識は20年間ほど経過しないと払拭されません。「子飼い社員」と「外様社員」という意識です。どこの経営者も子飼いで固めたいという潜在的願望を持っています。しかし、ままならないのが現実で、中途採用を積極的に行っている会社もありますが、経営者の心は「幹部はプロパーで固めたい」が本音です。待遇面でもプロパー社員の比率が多いほど、中途社員の処遇は長年にわたりプロパー社員に及びません。このことに不満を持てば、中途社員は、また転職を繰り返すことになります。上司との付き合いも職場に同年輩のプロパー社員がいれば中途入社社員はそれを超えて懐に入っていくという付き合いになりづらいのです。

　このようなことから、大企業ほど、プロパー社員で入社した者は、辞めたら損ということがすぐ理解できるのです。それまでの会社が行ってきた人材育成のための教育（OFFJT/OJT）や配置転換、異動・転勤はその組織内の管理職を養成するためにおこなわれてきたもので、その会社でしか通用しないものだからです。

プロパー社員は、転職支援会社からの「さらに高給で、さらに高位の職位で」などと甘言をもって近づいてくる者には注意しなければなりません。短期ではその通りかもしれませんが、長期的にみると、その企業に残って一所懸命に職務に精励したほうが、よほど利があると考えるべきです。自分の組織より魅力的に見える会社があれば、自身の働き方を振り返るべきです。ムダ・ムラ・ムリはないか。もっと効率・生産性を上げるやり方はないか。もっと会社業績を上げて、同時に社員への配分を増やして万人が羨望する組織をつくればよいだけの話だからです。今できていないことが場所（企業）を変えればできると考えるのは、大いなる錯覚なのです。

4　プロパー社員は辞めたら大損

プロパー社員は辞めた後、どうなるか。運よく中途採用正社員のクチがあったとしても金銭的には大損です。なにか大志があってなら別ですが、会社の方針、処遇、上司とウマが合わないなど勝手な理由をつけて辞めた後、理想の組織などあるわけがありません。自分でつくった組織ではなく、大勢の先達が創り上げ、いまも理想に燃えて一所懸命に仕事に精励しているところに入れていただくのです。ほどなく前者と同じことが起きます。またどこかいい転職先がないかとネットで探すはめになります。年中社員を募集している会社へ入らざるを得なくなります。見方を変えれば、年中社員が辞めている企業です。プロパー社員は一生に一回しかなれないのです。プロパー社員で幹部を固めた組織には意識の高いプロパー社員が毎年一定数入社しており中途入社者がつけ入るスキマはありません。いきおい探すとなると中途社員を年中募集している会社に目がいきます。生活維持もかかっている、加齢とともにハードルはますます高くなります。必死です。転職にあたり、選り好みしているヒマはありません。こうなるとつねに格下の会社しか入ることができなくなります。悪循環の始まりです。最初の転職時に抱いていた理想はとっくの昔にどっかにいってしまい、食えればいいという心境になってしまいます。これをお読みになっているプロパー社員の方には、転職したい気持ちになったらいったん踏みとどまりしっかり現実を知ることをお勧めします。理想追及の場は今の組織のほかにはないのです。

辞めるとなると不利に働くものとして、年次有給休暇日数があります。継続勤務に比例して日数が付与されますが、転職するとゼロ日から起算されることになります。労働基準法第39条によると図表7の通りです。同法では年次有給休暇の時効を2年としているので、年次有給化日数は繰り越しできます。

図表7

継続勤務年数	0.5年	1.5年	2.5年	3.5年	4.5年	5.5年	6.5年以上
法定最低付与日数	10日	11日	12日	14日	16日	18日	20日

退職金制度は勤続年数とリンクしており永年勤続すればするほど受け取り退職金額は、多くなります。とくに伝統ある企業においては加齢すればするほど、支給乗率は右肩上がりになり、定年退職者が優遇されています。転職するとこの権利も放棄することになります。

さらにお金に換算できないものとして、陰になり日向になり面倒を見てくれていた上司を失うことがあります。新天地での新たな人脈づくりは、プロパー社員でないだけに相手に自分を知ってもらうだけで最低３年はかかるでしょう。社内人脈の支援があってこそ仕事は上手くいくものですが、その環境づくりにこんなに時間が掛かるのでは、昇給にも響き生涯年収も想定外になることでしょう。

結果としてプロパー社員の座を捨てることは、かなりの価値を捨てることなのです。

5　非正規社員は五種類あり

正規社員と非正規社員の違いは何か、端的に言うと雇用期間の定めがない条件で働く者が正規社員（正社員）、雇用期間を定めて働く者が非正規社員といいます。正社員は雇用期間の定めはありませんが、多くの企業が就業規則上の定年年齢（満60歳が多い）＋改正高齢者雇用安定法による延長５年（１年ごと任意選択）となります。仕事内容と就業場所について22歳で入社すれば43年にわたって同一組織で働くことができる正社員は新入社員教育期間中の様子を見て適材適所で最初の仕事と勤務地が決まるので、就業時点ではあまり細かい取り決めの書面はありません。「雇用期限の定めがない」という条件が唯一といってもよいでしょう。「なんでもやります」「どこでもいきます」というのが正社員です。

雇用期間の無限か有限かで呼称の異なる非正規社員は雇用期間等によって５種類に分類されます。日雇い、季節労働者、パートタイマー、派遣社員、契約社員です。契約期限になれば双方契約更新の意思があれば、更新されます。更新が続けば安心ですが、そうはいきません。

2012年８月労働契約法が改正されました。通算契約期間が５年を超える労働者が使用者に対し、現契約期間満了前に期間の定めのない労働契約の申し込みをしたときは使用者はこれを承諾するものとする、契約内容は契約期間を除き現契約と同一の労働条件とする、となりました（第18条第１項）。見方を変えれば期間の定めのない契約の更改申し入れを希望しない使用者は５年を超えない時点で、以後の契約をしない旨を労働者へ通知することによって現契約満了時に契約を終了することができます。景気がよく会社業績も上がっていれば次回の契約更改も見込めますが、景気の見通しが不透明になるにつれ次回の契約更改はどうなるかわかりません。このような情勢ではせっかく職を得たのはよいが、就業開始と同時につぎの職探しをしなければならないのが非正規社員です。非正規社員のままでいれば一生職探しを続けることになります。失職しながら職探しをすることになれば、年間の稼働率は低くなり、実収入もそれに伴って低くなります。

加齢とともに職を得るのは、非正規社員に任せる仕事の性格上、次第に難しくなっていきます。非正規社員の途を選ぶ方は、将来のキャリア計画をもってキャリアづくりに短期間就労を多くの会社で経験し、それをもとに起業化するなど、目的を絞ることが望ましいでしょう。

第４章

若手社員の就労意識調査にヒントを探す

1　「仕事はお金を得るための手段である」を考える

ここに大いに役に立つ意識調査があります。マーケティング・リサーチ会社のクロス・マーケティングが実施した「若手社員の就労意識調査」です。

【調査概要】 調査手法：インターネットサーチ　調査地域：首都圏（東京・神奈川・千葉・埼玉） 調査対象：20～26歳の男女　社会人１年目～３年目（１年目：2015年４月入社） 正社員（総合職・一般職）、契約社員、派遣社員、公務員いずれか該当者　最終学歴が高等専門学校・短期大学、４年制大学、６年制大学、大学院卒業者　調査期間：2015年４月17日（金）～2015年４月21日（火） 有効回答数：553サンプル

【調査会社概要】株式会社クロス・マーケティング　抜粋を引用します。株式会社クロス・マーケティングは、首都圏

に在住する20歳〜26歳の男女を対象に「若手社員の就労意識調査」を実施。

調査背景・目的　環境の変化が多い季節でもある春。新年度の４月から約１ヶ月が経過し、新しい環境にも馴染みはじめてくる時期ですが、疲れやストレスを実感されてくる方も多いのではないでしょうか。本調査では社会人１〜３年目の若手社員を対象に、働き方に対する意識や転職意向、会社に対するロイヤルティ・重視・不満要素、学生時代の就職活動状況など、様々な就労実態について明らかにしました。図１　年次別　働き方に対する意識　図２　転職経験の有無　図３　入社時に希望した業界／会社／職種への実現度合い　から構成されています。

調査結果（一部抜粋）

図１より　１年目の働き方の特徴として、仕事とは「面白さ、やりがいを感じるもの」「自分が作っていくもの」「楽しいもの」。２・３年目の働き方の特徴として「仕事＜プライベート（ワークライフバランス重視）」「キャリアアップ」「収入」

図２より　社会人歴３年目までの社員で、新卒入社した会社で現在も働いている人は77.8％であり、21.5％は転職している。

図１／図３より　キャリアアップや福利厚生のために転職に対して壁を感じていない。なお、転職する際考慮される点は、

〈図1〉年次別　働き方に対する意識

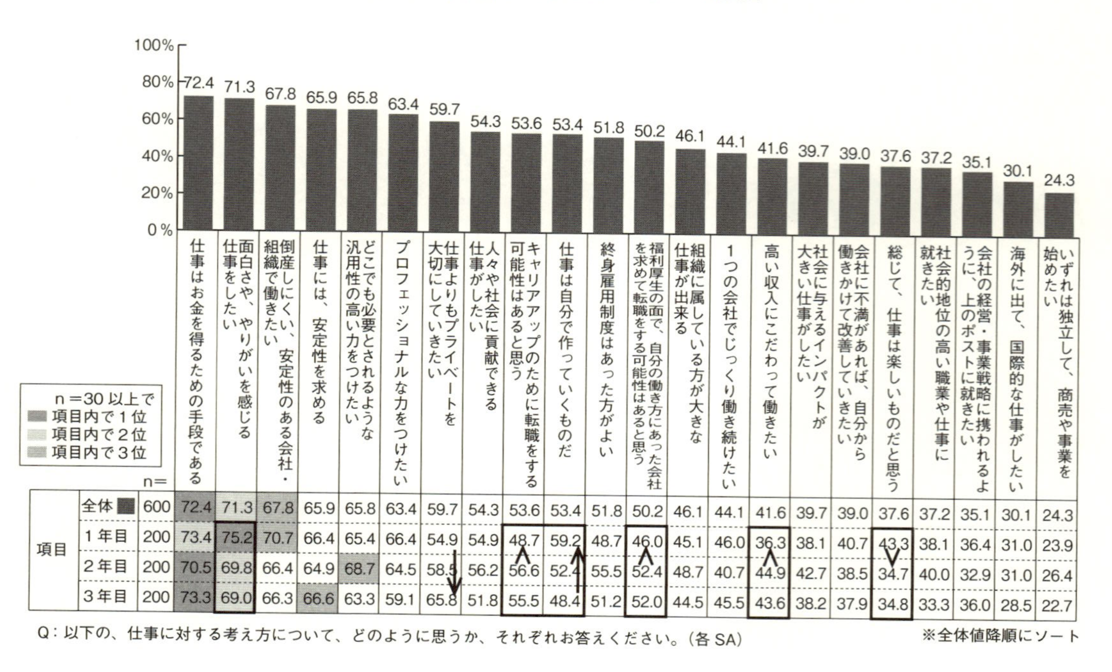

項目	n=	仕事はお金を得るための手段である	面白さや、やりがいを感じる仕事をしたい	倒産しにくい、安定性のある会社・組織で働きたい	仕事には、安定性を求める	どこでも必要とされるような汎用性の高い力をつけたい	プロフェッショナルな力をつけたい	仕事よりもプライベートを大切にしていきたい
全体	600	72.4	71.3	67.8	65.9	65.8	63.4	59.7
1年目	200	73.4	75.2	70.7	66.4	65.4	66.4	54.9
2年目	200	70.5	69.8	66.4	64.9	68.7	64.5	58.5
3年目	200	73.3	69.0	66.3	66.6	63.3	59.1	65.8

項目	n=	人々や社会に貢献できる仕事がしたい	キャリアアップのために転職をする可能性はあると思う	仕事は自分で作っていくものだ	終身雇用制度はあった方がよい	福利厚生の面で、自分の働き方にあった会社を求めて転職をする可能性はあると思う	組織に属している方が大きな仕事が出来る	1つの会社でじっくり働き続けたい
全体	600	54.3	53.6	53.4	51.8	50.2	46.1	44.1
1年目	200	54.9	48.7	59.2	48.7	46.0	45.1	46.0
2年目	200	56.2	56.6	52.4	55.5	52.4	48.7	40.7
3年目	200	51.8	55.5	48.4	51.2	52.0	44.5	45.5

項目	n=	高い収入にこだわって働きたい	社会に与えるインパクトが大きい仕事がしたい	会社に不満があれば、自分から働きかけて改善していきたい	総じて、仕事は楽しいものだと思う	社会的地位の高い職業や仕事に就きたい	会社の経営・事業戦略に携われるように、上のポストに就きたい	海外に出て、国際的な仕事がしたい	いずれは独立して、商売や事業を始めたい
全体	600	41.6	39.7	39.0	37.6	37.2	35.1	30.1	24.3
1年目	200	36.3	38.1	40.7	43.3	38.1	36.4	31.0	23.9
2年目	200	44.9	42.7	38.5	34.7	40.0	32.9	31.0	26.4
3年目	200	43.6	38.2	37.9	34.8	33.3	36.0	28.5	22.7

Q：以下の、仕事に対する考え方について、どのように思うか、それぞれお答えください。（各 SA）

※全体値降順にソート

〈図２〉転職経験の有無

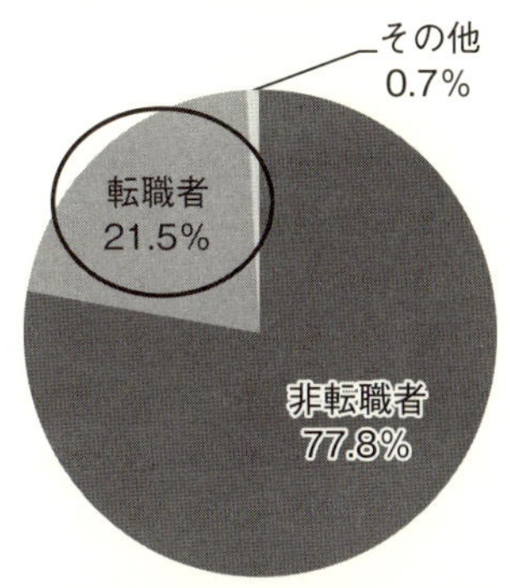

Q：新卒として入社した会社で、現在も働いていますか。(SA)

新卒入社時にやりたい仕事であったかどうか・・・(原文のママ)

採用担当者としてこの結果をみてなにを考えるか・・・

ここで六つの仮説を思い出しましょう・・・第２章第５項(49頁)

1　３年以内離職者の退職理由を正確に知ることが必須である。

2　思い込みや相対比較して現組織の劣後を理由とする退職には予防策が必ずあるはずである。

3　退職したいが度胸がなく年ばかり取っていく不平不満分子が組織に大勢いるはずである。

4　思い込みや相対比較して現組織が劣後していると誤解し不平不満を持つ者を出さない防止策が必ずあるはずである。

〈図３〉入社時に希望した業界／会社／職種への実現度合い

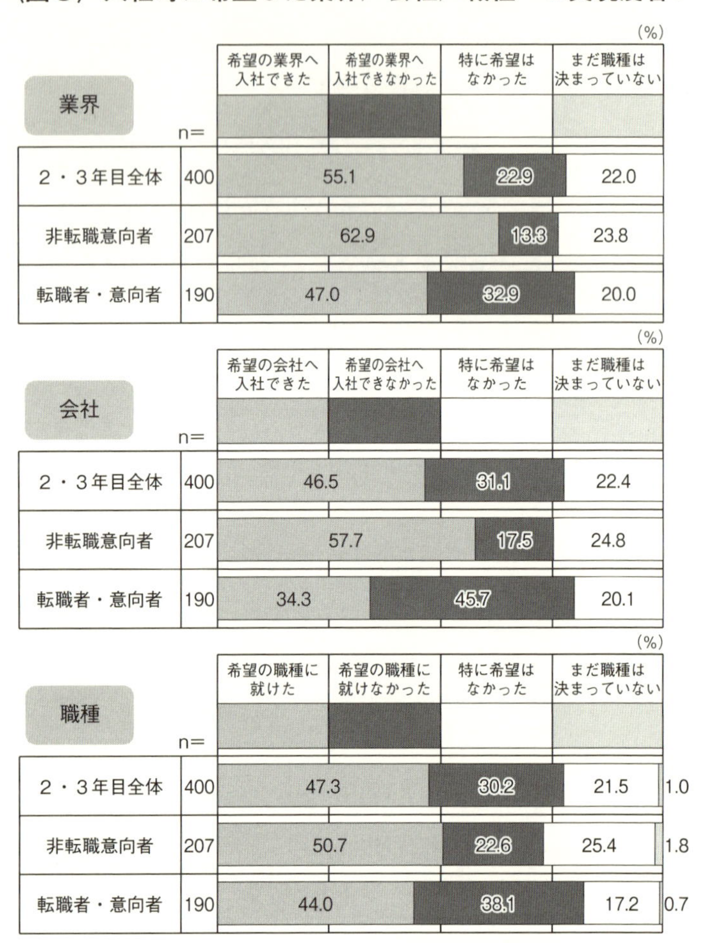

5　採用選考時に「思い込み」を払拭させれば離職はなくなるとともに、意欲ある挑戦的なビジネスパーソンに育成することができるはずである。

6　企業間を子細に比較すれば優位／劣後の要素はいくらでもある。こんなことに囚われず、つねに前向きに仕事に没頭できる意識を、採用選考時に持たせることができるはずである。

ここで、図１「年次別　働き方に対する意識」22に区分された意識と仮説との関係を見てみましょう。

72.4　仕事はお金を得るための手段である
71.3　面白さや、やりがいを感じる仕事がしたい
67.8　倒産しにくい、安定性のある会社・組織で働きたい
65.9　仕事には、安定性を求める
65.8　どこでも必要とされるような汎用性の高い力をつけたい
63.4　プロフェッショナルな力をつけたい
59.7　仕事よりプライベートを大事にしていきたい
54.3　人々や社会に貢献できる仕事がしたい
53.6　キャリアアップのために転職をする可能性はあると思う
53.4　仕事は自分で作っていくものだ
51.8　終身雇用制度はあった方がよい

50.2　福利個性の面で、自分の働き方にあった会社を求めて転職をする可能性はあると思う
46.1　組織に属している方が大きな仕事ができる
44.1　１つの会社でじっくり働き続けたい
41.6　高い収入にこだわって働きたい
39.7　社会に与えるインパクトが大きい仕事がしたい
39.0　会社に不満があれば、自分から働きかけて改善していきたい
37.6　総じて、仕事は楽しいものだと思う
37.2　社会的地位の高い職業や仕事に就きたい
35.1　会社の経営・事業戦略に携われるように、上のポストに就きたい
30.1　海外に出て、国際的な仕事がしたい
24.3　いずれは独立して、商売や事業を始めたい

聡明な読者は、直感すると思いますが、22項目中、上位１と２と残り20項目には際立った違いがあります。残りの20項目は正社員の責務なのです。正社員が「○○したい」と思っても、一体誰が支援してくれるのでしょうか、誰が当人のために尽力してくれるのでしょうか。正社員は誰もが、同志でもありますが、出世を争うライバルでもあります。誰も一方的には助けてはくれません。「帰属する組織で自身が主体で○○する」或いは「帰属する組織で自身が率先して組織を動

かし完遂する」ことばかりです。

この責務を自覚できれば、毎日の仕事は面白くて仕方がなくなるはずなのです。まだ入社１年～３年生のアンケート結果です。正社員の責務を理解し、職務に精励するようになれば「キャリアアップのために転職する可能性はあると思う」「福利個性の面で、自分の働き方にあった会社を求めて転職する可能性はあると思う」「いずれは独立して、商売や事業を始めたい」などはいつの間にか、雲散霧消してしまうものです。些末な心配は無用なのです。

これに対して、１番目の「仕事はお金を得るための手段である」は帰属する組織と関係なく働く動機として一般的なものです。また、２番目の「面白さや、やりがいを感じる仕事がしたい」も同様に帰属する組織と関係なく働くならそうでありたいという願望です。この２つは「働く」を前提とした場合、万人共通の意識です。

正社員は満22歳で入社し、満65歳をもって会社を去りますがこの間43年間の長きにわたってこの２つの意識に始終影響を受けており、不平不満のもとはまさしくここに起因しています。この不平不満グループは、数人単位で組織内のインフォーマルグループとして、どこの会社にもたくさん存在しています。入社早々どこからともなく現れて、初対面の新入社員に秘かに近づき「おい、大変な会社に入っちまったな、この会社はなー・・・。今日一杯飲みにいかないか」とささやく輩です。不平不満グループのオルグ活動ともいえます。

こんなことを会社を去るまでやっている不幸な面々です。この行為は就業規則の懲戒規定にも触れないのでどこの組織も常態化しています。

「仕事はお金を得るための手段である」この意識を持つ者の不平不満は、帰属する組織に向かいます。つねに「この会社は給料が安い、この会社は賞与が低い。よその会社はこんな手当てが出ているがうちの会社はない、会社はケチだ、社長はケチだ・・・」など。よく考えていただきたいのです。会社がケチなのではなくて正社員の働きが他社に比べてよくない、生産性が劣るからの結果なのです。付加価値大なる製品やサービスを創造し、売上を上げ、コストを下げればおのずから利益が増え、ここから人件費が賄われます。社長はつねに業界一の給与を正社員には支払いたいと願っています。出来ないのは、利益創出力が低いからに他ならないのです。これは会社の業績の結果ではありますが、業績を押し上げる推進力は正社員の力です。ほかに誰がいるか、誰もいません。願望を結果に変えるのは全社一丸となった正社員と正社員の階層のゴールに位置する経営者です。

仕事イコール会社という短絡的な思考に陥ると「仕事はお金を得るための手段である」という考えを強化していってしまいます。せっかくこれはという新人を採用できたと喜んでも入社したやいなや、こんな間違った考えを刷り込まれてはたまりません。ここで重要なことは、入社してからこういう人たちと付き合うな、こういう人たちの話を聞くなと新入社員教育の講師や、職場の上司が助言しても、多くの新人はもともと「仕事はお金を得るための手段である」と意識しているので不平不満分子の言い分に理解を示す者が多くいるということです。自責で考えるのではなく、他責にしてしまう。なんでも他責にする者は言い訳上手、こうなると組織の成長は止まる、同時に人ばかり多いが、業績は上がらず、やがて消えていく企業となります。なんとか水際でこの考えは間違っていることを理解させ、正さねばなりません。

これが採用選考の場で出来るのです。

2 「面白さや、やりがいを感じる仕事がしたい」について考える

正社員の雇用は、最後の最後まで守られているということを理解していれば、２番目の「面白さや、やりがいを感じる仕事がしたい」の意識は「できれば・・・にこしたことがない」に変えることができます。

会社は、43年間正社員の雇用を維持するため真剣に取り組んでいます。雇用維持も目的であるジョブローテーションはどこの会社でもひろく導入されている人事制度です。とくに20代から30代半ばまでは定期的に異動が繰り返されます。人を知り、製品を知り、サービスを知り、事業所を知り、顧客を知る、このことが当人の将来のキャリア形成にとってきわめて重要な要素となるからです。ジョブローテーションの過程において経験するすべての仕事や職場、或いは上司・同僚とのチームプレーにおいて「面白さや、やりがいを感じる仕事がしたい」という気持ちは分かりますが、そうでないときも当然あります。この時、どのようにそのストレスと対峙したらよいか。ついふらふらと転職の悪魔に魅入られてしまう時でもあります。ネットで探せば、若年層の求人情報は目白押し。どこでも選り取り見取りと、見えてしまいます。しかし、しっかり見ると、年中、若年正社員募集を掲げている会社が多いのです。成長過程にある会社であれば、新規募集も

あろうが、毎年売上高が変わらない会社であれば退職補充です。それでも、ストレスにより、今よりましと考えてしまう心境になっていて、実際に転職すると、結局、この意識の持ち主は転職先でも同じことを繰り返すのです。今いる会社より格上の会社への転職は、よほどの僥倖にめぐりあった時以外、あり得ません。転職は、格下の会社となるのが常です。社員の出入りの頻繁な会社となる。プロパー社員を丁寧にじっくり育成する組織では。新規事業向け要員以外は中途採用をしないものだからなのです。引く手あまたであった若年ビジネスパーソンでも、満32歳を機に求人企業はパタッとなくなります。この年齢を超えると採用条件に管理職経験者であることの条件が付くからです。

大学卒業後10年、この間に転職慣れしてくると３年に一回の頻度で繰り返す者が多くいます。即戦力と言われ、おだてられ、入社後は現場に投入されます。どこにいっても同じ扱いを受けるので。部下を統括する立場にはならないまま32歳を迎えてしまいます。このキャリアでは以後の転職は至難の業となります。

このように当人のためにも、「面白さや、やりがいを感じる仕事がしたい」を「できれば面白さや、やりがいのある仕事がしたい」に意識を変えさせるには、初仕事の前が絶好のタイミングです。この意識改革の時機は採用選考時のほかにはないと言ってもいいでしょう。

3　正社員はすぐに人の上に立つ

企業は景気の好不況に応じて柔軟に、人員の増減をして生き延びようとしています。人件費の変動費化をさらに加速させているのです。したがって、大学卒採用に当たり「正社員は幹部候補のみ」に絞り込んでいます。好況の時、採用人員枠を拡大していますが、どこの大企業でも充足率は、この数年65％程度です（中小企業はもっと低い）。「優秀な人材がいなければ枠に不足していても採用しない」ということの表れです。幹部候補に足る人材でなければ大学卒は、要らないということ。来年採用すればよいという姿勢。

当然、人件費の変動を反映するブルーカラー的な仕事は、非正規社員に任せる傾向にあります。正社員は、28歳くらいで、グループリーダーとして、３名～５名ほどの部下（パート、アルバイト、非正規社員）を持って、マネージメントしなくてはなりません。特に、飲食業、小売業、物流業など、人材不足の業界ほど、この傾向は強くなります。部下という範疇ではありませんが、外注先、協力会社のスタッフを含めると、同じ会社の社員ではない協同作業者との仕事を任されることは、もっと早い時期からあることも多いでしょう。

学生同士のツーカーで、会話が済む環境から、いきなり、価値観が違う人たちと合意形成しながら、仕事を進めなくてはならないので、入社前に社会人としてすぐに育つ素養がなくてはなりません。

このグループディスカッション面接では、大学のキャリア教育では、あまり触れない「正社員と非正規社員の差」を考えさせ、「正社員は部下をマネージメントする能力が必要である」ことを腑に落とさせます。

4　意識変革を図り真のコミュニケーション力の有り無しを見極める場をつくる

「仕事はお金を得るための手段である」この考えは間違っています。「仕事をしたからお金が与えられるのである」これが正しい考えなのです。お金がたくさん欲しかったら、しっかり仕事をしなければならないのです。

「面白さや、やりがいを感じる仕事がしたい」これは願望です。正社員は「仕事は面白さや、やりがいを感じるに越したことはない」が正しい考えといえます。つねに「面白さや、やりがいを感じる仕事がしたい」のであれば非正規社員の途を選ぶことになります。ただし、つねに自分がやりたい仕事があるかどうか求人情報を探索し、運よく見つかり、応募し採用されなければなりません。この二つの意識を改革しなければせっかく正社員で採用したとしても、短期間で辞める、または辞める度胸のない者は不平不満分子となり会社業績の足を引っ張る存在となります。選考の時点、すなわち水際にて正しい考え方に変える意識変革を会社が主導権をもって行わねばなりません。同時に「真のコミュニケーション力」の持ち主を探し出すことができる機会とは、選考に「グループディスカッション」を採り入れることです。

例えば、これまでの選考のひな型では1対1の面接を3回設定していたが、これを2回とし、面接に「グループディスカッション」を採り入れてください。面接は集団（３〜５名で）と個別がありますが、課長面接と部長面接は集団面接、役員面接が個人面接という設定が多いです。

これら仕事に対する二つの意識について意識改革は集団面接の場では出来ません。グループを統括して率先垂範し、経営目標達成までリーダーシップを発揮できるか、この力が真のコミュニケーション力です。これを知るにも１対１の面接ではムリです。面接を何回繰り返しても応募者の真の姿は見極めることはできません。面接官は違えど質問は毎回同じセリフを繰り返しているからです（事前に配られる面接官のための質問集の通り繰り返しているからです）。価値観の異なる個人の集団をつくり、二つの意識について議論を戦わせ相互啓発の過程でメンバー全員が「ああ、なるほどそう思う」という結論を出させるのです。議論の様子を注意深く見守り、発言、傾聴、共感、参画、情熱、熱意、リーダーシップ等々の観点からメンバーを評価。これによって「真のコミュニケーション力」の持ち主は見つけることができるのです。二つの意識についてはグループの結論はほとんどが的外れ、或いはうまくいっても不十分なレベルです。

この二つの意識について会社の考えを述べ、これが正しい考え方であると講評してテーマごとに締めくくることによって、意識改革がうまくいくのです。

第5章

意識改革のためのグループディスカッションの実施要領とテーマ

1　グループディスカッション実施要領

グループディスカッションをどのように進めたらいいのか。実際のやり方を説明します。

意識改革のためのテーマは二つ。開始から終了まで120分。

受付⇒座席誘導⇒着席＜ここまで10分＞⇒

【第1部開始】業界動向説明

⇒就業者の現状説明（正社員と非正規社員の処遇上の違い）

⇒正社員はプロパー社員という

⇒長期勤続前提に将来会社を背負って立つ幹部候補に育成するため十分時間をかけて育成計画のもとに教育研修をしっかりやる

⇒転職は損を助言

⇒正社員の責務説明

⇒「真のコミュニケーション力とは」説明

⇒組織リーダーの役割説明

⇒グループディスカッションの進め方説明

⇒発言・傾聴・共感・参画・情熱・まとめる努力を評価する旨解説＜ここまで25分＞

⇒テーマ１出題

⇒討論開始指示

⇒終了３分前告知・総括指示（グループ内・口頭プレゼンを指示＜ここまで40分＞）

⇒テーマ１講評＜ここまで15分＞

【第１部終了】

注：メンバー数は１グループ８名が限度（最少催行人数２名・・２人で目的は十分達せられる）

注：グループ数は８人／２グループが限度（５人／３グループも可）

注：自由闊達な討議を期待して司会者はナシとする。

注：自己紹介はナシ。第一声において冒頭に氏名のみ名乗るよう指示

【第２部開始】

テーマ２出題

⇒討論開始指示

⇒終了３分前告知・総括指示（グループ内・口頭プレゼン指示＜ここまで20分＞）

⇒テーマ２講評＜ここまで10分＞【第２部終了】通算120分

このぐらいの説明時間が長からず短からず、飽きさせず丁度よい迫力あるプレゼンができます。

まずは、社内で、有志を集めて模範グループディスカッションをやってみましょう。2時間でピタッと終わるようメリハリつけて実施することが肝要です。

２　「仕事はお金を得るための手段である」をまっとうな考え方に変えるテーマは？

テーマ１　『なんのために働くか（働く目的）』条件：お金のためではない。

付記　社会貢献とは：社会貢献とはどういうことか／誰が誰に対して何をどうすることなのか

自己実現とは：自己実現とはどういうことか／誰が誰に対して何をどうすることなのか

＊「社会貢献」「自己実現」は個人でもできる。

＊組織（企業）の一員（自分）が考える「社会貢献」とはどういことか？

＊組織（企業）の一員（自分）が考える「自己実現」とはどういことか？

学生は、考えてもいないテーマを突然考えさせられることになります。アルバイト経験から「働く」＝「カネ」と信じているので、「カネのためではない」と否定してかかるといったいどうしていいかわからない状態になります。そもそもどうして自分が就活しているのか、なんで自分がいまここに座っているのかわかっていません。友達が就活で騒いでいるから自分も就活しなければという程度で、右往左往しているからです。メンバー全員無言がつづきます。うち一人が少し考える時間を設けようと提案。全員同意。２分経過、考えたことを一応、第一声として順番に自身の考えを述べ始めます。この頃から自然にグループを取り仕切る者が現れてきます。時間内にグループの総意形成を指示しているからなんとかまとめようと自身の意見とメンバーの意見を調整したうえ次の議論につながる建設的提案ができる者と、議論についていけない者が次第に鮮明になってきます。ついていけない者においても、懸命に議論に参画しようという意志のある者とそうでない者とは見ていてすぐわかります。個人面接であろうと、集団面接であろうと面接官がいくら見抜こうとしても１対１の面接では絶対に見抜けない学生の本性がグループディスカッションの場ではさらけ出されるのです。

このことだけ捉えても新卒採用選考にグループディスカッションを導入することをつよく勧める所以です。学生同士の気安さから普段の思考と行動があからさまになります。態度に現れる正社員として採用するに相応しくない人物の特徴。あまりに多くの特徴と、間違って採用してしまった現正社員の姿がそれぞれの特徴に重ね合わせられます。

3　楽しんで就活している者達の特徴

これでは一人もグループディスカッションの合格者はいないではないかという疑問を持つと思うかもしれませんが、心配はいりません。ここに挙げる特徴を一人でいくつも該当する者がいる反面、「これは欲しい」という者はつねに55%いるのです。残り45%からも合格者が出るので、合格率は平均60%となります。さらに残り40%のうち、20%は鍛え方次第で改善の見込みのある者です。鍛え方はおのおの異なるので十分な経過観察が必要です。

そもそも皆がやるからと付和雷同的に就活をしている者がきわめて多いことが、自己紹介をさせてみるとよくわかります。「就活を楽しんでいます」「今日のグループディスカッションも皆で楽しくやりましょう」などと臆面もなく述べる者が多くいるのです。正社員になる関門として挑戦する真剣勝負の場という意識がない者が多いのです。結果として次のような現象を目にすることになります。

・待ち時間に男女雑談に花が咲く（就活か婚活かわからないほど世間話に盛り上がる）10名中２名。
・会場に入って早々に元気よく「こんにちは」「よろしくお願いします」の挨拶ができない者（挨拶もできない者を採っ

てどうする）10名中８名。

・飽きてしまって足をバタバタさせる者（後ろから見ていてすぐわかる）10名中２名

・普段の生活の癖が出て靴を脱いで裸足になる者（一人にすると何をするかわからない）10名中１名

・貧乏ゆすりをする者（ストレスに弱い）10名中１名

・スニーカーソックスの者（リクルートスーツに似合うと思っているのだろうか）20名中１名

・ボールペンくるくる回しをする者（他人の目を気にしない）10名中２名

・手を始終口や顎に当てる者（ストレスに弱い）10名中３名

・目線を合わせない者（ストレスに弱い）10名中３名

・議論に参画せず懸命にメモばかり取る者（役に立たない）10名中２名

・ことさら大声を上げる者（臆病なので防衛的対応となる）10名中１名

・つねに他人の意見の補足説明とか言い直しを自身の発言と錯覚する者（自身の意見なくその場を取り繕うのが得意）10名中２名

・議論にならず世間話レベルに興じる者（誠意ナシ）10名中１名

・傲慢な態度を見せる者（上にやさしく下に厳しい）10名中１名

・つねにきょろきょろ周囲を見回し発言できない者（臨機応変の対応できず）10名中１名
・姿勢ぐにゃぐにゃな者（体力ナシ、情熱ナシ、意欲ナシ）10名中１名
・腕組みする者（相手の意見を拒絶する態度。誠意ナシ）10名中１名
・自身の考えを持たずメンバーの発言を偉そうに評論をする者（高圧的態度）10名中２名
・言葉尻ばかりをとらえて本格議論に参加できない者（言い訳上手）10名中１名
・自身の主張に固執する者（グループの総意形成に参画できず）10名中１名
・態度・風体からいかにもアルバイト経験がにじみ出ている者10名中２名
・第一声のあと最後まで発言せずじっと聞きっぱなしでまとめになると一人で個々のメンバーの意見にコメントし総括してしまおうとする者（記憶力・理解力・集中力の世界）10名中１名
・俺俺（オレオレ）を連発する者（こういう者は顧客の前に出せない）10名中１名
・わずかな空き時間でもすかさず雑談で騒がしく盛り上がる者達（陰ひなたがある）10名２名
　このような多岐に渡る個性を短時間の面接で、面接官は見

極めていますか。短期決戦の従来の面接時間だけでは、学生は尻尾を出しません。だから、役員面接選考前にこの特徴があからさまになる機会、すなわちグループディスカッション選考が必須なのです。

４「面白さや、やりがいを感じる仕事がしたい」を「・・・であるに越したことはない」に変えるテーマは？

テーマ２　『やりたくない仕事を命じられたらどうするか』

条件：会社を辞めてはいけない。

付記　コンプラアンス（法令順守）に反することは命じない。
グループの結論・総意・自身の考えは部下に対しても通用するか？
やりたくない仕事の定義は不要
正社員は長期勤続前提：同じ仕事でも「自分はやりたくない仕事」／「他人はやりたい仕事」と感じるのはなぜか？

正社員は「なんでもやります」「どこでも行きます」を約束する代わりに、会社は43年間雇用を保証します。討議は正社員は長期勤続前提、人材として育成するために会社はいろいろな仕事を与えます。このとき「自分はやりたくない仕事」と感じ、片や「他人はやりたい仕事」と感じるのはなぜかを考えさせます。上司から新たに命じられた仕事について「いやだ、いやだ」と思っている自分がいたと仮定し、上司から現場を見てこいと命じられ不承不承その仕事を見に行ったら、大勢の社員がにこにこしながら仕事に励んでいたのでびっくりした、この落差は何かを考えみよとアドバイスしてから討議を開始します。

「やりたい／やりたくないはその仕事に対する本人の受け止め方である」が正解ですが、このことに気付くグループは10グループのうち１グループです。「長期勤続したいがために我慢する。次のやりたい仕事に就くことを期待して我慢する」の声が大きくなります。その時点を狙って非正規社員も部下に多くいることを伝えます。

リーダーとして期間限定の非正規社員に新たな仕事をお願いした場合、「いや」と言われたときに「我慢しなさい」で従うかどうか考えなさい、非正規社員は「我慢しません」、なぜならば契約時仕事内容が明確に決められているからです(但し、ここでいう新たな仕事は契約時決められた仕事の付帯的な仕事という条件で考えなさいと付け加えます)。そこでまた考え込んでしまうがなんとか正解をえようと喧々諤々の議論が行われ後半は大いに盛り上がります。

5　現行の採用選考におけるグループディスカッションの実態はどうか

現在、採用支援会社を使ってよく行われているグループディスカッションはおおよそ次の通りです。

1．自分が上司役、部下８名／部下２人づつ。16名　所定の評価表　MVP 選定。
2．ある人の立場になって考える。条件は紙に書いてある。
3．応募企業をイメージした人に考えるとタレントやスポーツ選手なら誰か。
4．拡販：小売業　あるサイトの集客力低下⇒集客力を上げる策は？
5．拡販：消費税増税⇒扱い商品売れなくなる⇒売れるようにする策は？
6．拡販：その他⇒応募会社の商品の拡販企画討議←このテーマがきわめて多い。
7．予算あまり100万円。大学サークル代表として100万円分捕り策立案企画書づくり⇒メンバーで最善案を選定のための順位付け⇒プレゼン⇒順位を決める←このテーマも多い。

グループディスカッション制限時間：45分～60分

グループディスカッションを課するほとんどの会社は№6、又は№７類似のテーマです。

その理由：採用担当は体力勝負だからです。

シーズン中は休みなし。夜中まで働かされます。人事の若手が３年限度の仕事。採用担当はつねに新入社員の仕事で、入れ替わりが激しいのです。

見ず知らずの学生同士と初めて会って決められた時間内に腹を割って討議するには、もっと働くということの本源的な意味を考えさせる、働く真の目的を探るテーマを課題として与えるべきであり、締めに的確なアドバイスをすることがビジネスーパーソンの先輩の責務です。上記のテーマはいずれも適当でないと考えます。

採用担当（兼務もいますが）を配置できるのは、大手企業、中小企業においては従業員数100名以上（大量採用⇔大量退職を見込む企業は従業員数50名超）。これ以下の規模の企業はグループディスカッションはやりたくても準備ができず、人手がなく導入が難しいので、採用支援業者に依頼しています。そこも、若手の社員が体力勝負でシーズンを乗り切っているところが多いようです。

第６章

グループディスカッション選考を成功させるコツ

１　手際よく運営し所期の成果を上げるためのツール

ここでは、グループディスカッションを円滑に運用するためのツールを説明します。

グループディスカッション実施要領をＡ４サイズにプリントしたものをメンバーごとに卓上に用意します。

表面第一のテーマ、裏面に第二のテーマ。口頭で説明することを要領よく文章で記載しておきます。早めに会場に着いた者には着席させて読むよう指示をしておく。テーマを早く知ろうが遅くなろうが、このような抽象的なテーマはこれまで考えたこともなく、途方に暮れている者が多いです。テーマ表を早く見ようが遅く見ようが有利不利は関係ありません。

開始前の空き時間、メンバーがそろうまでのわずかな時間を狙って、グループを仕切ろうとする者が必ず出てきます。

自身が音頭とって自己紹介を始めたりします。グループディスカッションが怖いのです。不安な気持ちを悟られまいと大声を出してカラ元気を装います。盛り上がって大騒ぎとなると、手に負えなくなります。

そこで「自己紹介は行わない。そこで、初回発言時に氏名のみ名乗ることと明記しておく」というルールによって円滑な運営ができます。

テーマ表の見本は以下の通りです。

〜〜〜〜〜〜〜〜〜〜〜〜〜〜〜〜〜〜〜〜〜〜〜〜〜〜〜〜〜〜〜〜

グループディスカッション要領書（1/2）

【テーマ１：なんのために働くか（働く目的）】

条件：お金のためではない。

討議時間：40分間

グループ総意形成：３分程度（討議時間に含む）、グループ内発表。プレゼン資料特段不要。

◆メンバーは腕時計を机上に置き自身で時間管理をしてください。

司会役の役目：貴重な機会です。自由闊達な意見交換を期待します。司会役、書記係、時間係等は敢えて置きません。メンバーの価値観を尊重しますがグループとして総意形成（合意形成）が目的です。積極的な参画を期待します。

全員司会役の意識：発言（メンバー全員の任務）傾聴（メンバー全員の任務）必要に応じ簡単にメモ（メンバー全員の任

務）進行・時間管理・プレゼン者選出（メンバー全員の任務）
自己紹介は行わない。初回発言時に氏名のみ名乗る。
【着席し開始まで静かに待つ／私語を慎むこと】
付記・・・「お金のためではない」これに代わる理由として
多くの場合・・
社会貢献
・社会貢献とはどういうことなのか
・誰が誰に対して何をどうすることなのか
自己実現
・自己実現とはどういうことなのか
・誰が誰に対して何をどうすることなのか
＊「社会貢献」「自己実現」は個人でもできる
＊組織（企業）の一員（自分）が考える「社会貢献」とはど

図表８　テーマ１

テーマ：なんのために働くか（働く目的）
条件：お金のためではない。

GD 要領
・討議時間、45分間（45分設定のタイマーを司会役に渡します）
・グループ総意形成、３分程度（発表は要しない）GD の総時間50分間以内
・50分経過後、一人１分以内で自身の考えをプレゼンする（座席で立って）
◆メンバーは腕時計を机上に置き自身で GD 進行管理をしてください。

司会役の役目
・発言（メンバー全員の任務）
・傾聴（メンバー全員の任務）
・必要に応じ簡単にメモ（メンバー全員の任務）
・GD 進行…司会役の任務
・時間管理…司会役の任務（メンバーが協力する）

自己紹介は行わない。
初回発現時に氏名のみ名乗る。

【着席し GD 開始まで静かに待つ／私語を慎むこと】

ういうことか？

＊組織（企業）の一員（自分）が考える「自己実現」とはどういうことか？

〜〜〜〜〜〜〜〜〜〜〜〜〜〜〜〜〜〜〜〜〜〜〜〜〜〜〜〜〜〜〜〜

グループディスカッション要領書（2/2）

【テーマ２：やりたくない仕事を命じられたらどうするか】

条件：会社を辞めてはいけない。

討議時間：20分間

グループ総意形成：２分程度（討議時間に含む）、グループ内発表。プレゼン資料特段不要。

◆メンバーは腕時計を机上に置き自身で時間管理をしてください。

司会役の役目：貴重な機会です。自由闊達な意見交換を期待します。司会役、書記係、時間係等は敢えて置きません。メンバーの価値観を尊重しますがグループとして総意形成（合意形成）が目的です。積極的な参画を期待します。

全員司会役の意識：発言（メンバー全員の任務）傾聴（メンバー全員の任務）必要に応じ簡単にメモ（メンバー全員の任務）進行・時間管理・プレゼン者選出（メンバー全員の任務）

自己紹介は行わない。初回発言時に氏名のみ名乗る。

【着席し開始まで静かに待つ／私語を慎むこと】

付記

やりたくない仕事の定義は不要

長期勤続前提：同じ仕事でも、自分は「やりたくない仕事」／「他人はやりたい仕事」と感じるのはなぜか？
コンプライアンス（法令順守）に反することは命じない。
「グループの結論、総意、自身の考えは部下に対しても通用するか？

図表9　テーマ2

テーマ：やりたくない仕事を命じられたらどうするか
条件：会社を辞めてはいけない。
　コンプライアンス（法令順守）に反することは命じない。
　「グループの結論・総意、自身の考えは部下に対しても通用するか？

GD要領
・討議時間、45分間（45分設定のタイマーを司会に渡します）
・グループ総意形成、３分程度（発言は要しない）GDの総時間50分間以内
・50分経過後、一人１分以内で自身の考えをプレゼンする（座席で立って）
◆メンバーは腕時計を机上に置き自身でGD進行管理をしてください。

司会役の役目
・発言（メンバー全員の任務）
・傾聴（メンバー全員の任務）
・必要に応じ簡単にメモ（メンバー全員の任務）
・GD進行…司会役の任務
・時間管理…司会役の任務（メンバーが協力する）

自己紹介は行わない。
初回発現時に氏名のみ名乗る。

【着席しGD開始まで静かに待つ／私語を慎むこと】

〜〜〜〜〜〜〜〜〜〜〜〜〜〜〜〜〜〜〜〜〜〜〜〜〜〜〜〜

2　就活とは「だれが何をすることか」を理解させるツール

テーマ１について、掲示物をつくる。これをホワイトボードに貼っておきます。**（図表10・11）**

「就活」は「はたじるし」の「賛同者集まれ」「志を同じくする者あつまれ」に心から共鳴し、惚れ込んで「なかまにいれてください」とお願いして適格者かどうかを審査してもらう場であることを理解させます。このことがこの掲示物の目的です。

〜〜〜〜〜〜〜〜〜〜〜〜〜〜〜〜〜〜〜〜〜〜〜〜〜〜〜〜〜〜〜

テーマ１に取り組む前にこの二つの掲示物を対比して就活をする者は「独立自営／一人親方」になりたくてここに座っているのではありません。すでに先輩が大勢いて頑張っているところに入れてくださいといってお願いして歩いているのです。これが就活です。ここまでを話した後、グループディスカッションに取り組ませます。協働と組織については総意形成の後の講評において解説します。

図表10　卒業後の進路は二つ（その1）

請けた仕事は期限までに完遂します！
独立自営／一人親方

図表11　会社の目的／組織の目的

3　やりたくない仕事を命じられたらどうするかを理解させるツール

テーマ２について、掲示物をつくる。これをホワイトボードに貼っておきます。(図表12)

先輩のセリフ「和気あいあいとした雰囲気があることに越したことはない」

私「新入社員」のセリフ「職場は和気あいあいとした雰囲気がなくてはならない」

「～であらねばならない」⇒「であるに越したことはない」

先輩と新入社員の考え方を解説したのち、グループディスカッションに取り組ませる。「不合理な考え方からの解放」については総意形成の後の講評において解説します。

図表12　不合理な考え方からの解放

4　テーマ1「なんのために働くか」総括のための講評のコツ

総意形成はグループごと行われます。制限時間の3分前から自薦又は他薦で選ばれた代表がグループ内で座ったまま、総意（合意）した経緯と結論をプレゼンさせます。運営者は聞き逃さないよう注意深く耳を傾けなければなりません。2グループ同時のことが多いので要領よく、あらすじを聞き洩らさないようしっかり聞くことに専念します。

「お金のためではない」と条件づけられたことによって、短時間であったが働くということについてじっくり考え、かつ他人の考えも聞くことができてメンバーはそれなりの議論に満足を感じている者が多くいます。

グループディスカッションでは働く目的を「自己実現のため」「自分が経済的に豊かになるため」「趣味にお金をかけたいため」「家族のため」「幸せな家庭をつくりたいため」「保護者を安心させたいため」などに代表される個人の利益追求を目的とする者がつねに二割ほどいます。これらの者の意見は、スタート冒頭に声高に発言されることが多いです。じっくり、考え取り組んでいるメンバーの意見が次第に主流になっていきます。人は一人では生きていくことができません。保護者は言わずもがな、見ず知らずの人たちに生かされて今の自分があるのです。働くということは社会に恩返しすることです。社会に恩返しは体のいい言葉でいえば「社会貢献」であるという結論に達するグループが大半です。当初声高に自己利益追求を主張していた者も、次第に同年輩にもしっかりした考えの持ち主がいるものだという尊敬の念をもってメンバーへの見る目が変わってくるのがわかります。

これこそ、グループディスカッション主宰者が望んでいたテーマ１の総括場面です。グレープ内プレゼンの終了と同時に合図のタイマーのアラームが鳴ってテーマ１は終了。間髪入れずに講評します。

まず、短時間であったが熱心に討議し素晴らしい総意形成に対し謝意を述べます。次いで桃太郎掲示物２点（**図表10・11**）に注目させます。今日は「独立自営／一人親方」を目指す者の集まりでないことを再確認させるとともに、就活は「自身が入れていただきたいと目指す会社や組織に「入れていただきたい」ので、自分を適格者であるかどうかご審査くださいという選考の場です。組織は「志を立てた者」すなわち「創業者」の「志」に惚れ込んだ者がまず飛びつく、これで二人になります。これが組織です。何千人、何万人の組織でも最初は創業者と賛同者の二名から始まっています。これが組織人です。組織人にも寿命があります。今いる社員はやがて年老いて組織から退出していきます。組織をさらに発展させていく跡継ぎが必要です。紐解くと、正社員の定期採用とは跡継ぎに相応しい人材を採用するということです。だから、新卒正規採用社員をプロパー社員（生え抜き社員）というのです。

中途から入社した者はプロパー社員とは呼びません。「助っ人社員」が「プロパー社員」と比肩できるようになるためにはその組織で10年以上職務に精励しないと、いうに言われぬ差がなくならないものです。前述したように、プロパー社員は「辞めたら損」。このように貴重な人材であるプロパー社員の採用は、会社にとって最重要な経営課題なのです。

さて創業者の「志」はどこに記されているか。「会社案内」「入社案内」の社長の写真のとなりに「創業の理念」「会社の目的」が、組織の「志＝はたじるし」なのです。この志に「惚れ込みました」が志望理由の殺し文句となります。

テーマ１のグループ総意である「社会貢献」は間違っていないが「社会貢献」はどこの会社、どこの組織でもしています。社会貢献していない会社や組織は社会的に存立が許されません。プロパー社員を採用する側ではもっとしっかり会社の目的を精査して欲しいのです。そこまで研究し納得し応募してくれたかどうかをしっかりと見ているのです。志望理由に会社の将来性、安定性、教育制度充実、福利厚生等々が記されていますが、「志」に惚れ込みましたと、真っ先にアピールできていない志望理由は、競争力がまったくないといっても過言ではありません。個人が主で組織が従の考え方の社員は会社が逆境期（業績不振や低迷）に去って行ってしまうからです。

この考え方はどこの組織へ行っても不変です。創業者の「志」を実現することを跡継ぎが継承し今日に至っている組織がすべてであるからです。このように講評しテーマ1を締めくくります。私が、請け負っているグループディスカッション面接では、この講評は、参加者全員シーンとして真剣に聞いているのみというのがほとんどです。

あとで、学生に感想を聞いてみると「目からうろこが落ちました」「自分の甘い考え方を根底から変えます」「世の中のことが本当によくわかりました」「就活を原点に戻って戦略を再構築します」が全員の返答です。「採られる立場」からではなく「採る立場」になって考えることによってまったく新たな視野が開けてくるのです。

「年次別　働き方に対する意識」の第一位に「仕事はお金を得る手段である」は間違っています。「社会貢献」をして世のため、人のために尽くすことによってのみお金を得ることができます。お金は誰しも沢山欲しいものです。そのためには「社会貢献大なる仕事」をすればよいのです。すべての会社が社会貢献をしています。

会社に勤務するということは社会貢献をすることであり、社会貢献度合いの多寡によって得るお金の額が変わってくるというのが正しい考え方です。お金を沢山欲しければ所属する会社の社会貢献度合いを大きくすることにほかなりません。社会貢献は自社の創出する製品やサービスが世の中にどれほど役立つかを世間の人に評価されれば沢山売れる、すなわち売上げが上がる、売上げから経費を差し引いた残りの一部が人件費に配分され自身の給与等に還元されるわけです。「仕事はお金を得る手段」という仕事＝お金という考え方は「時給いくら」の考え方です。プロパー社員はまず会社の目的を次世代まで継承することを第一義に考えなければなりません。これでお分かりのように、グループディスカッションは選考を兼ねた人材育成の場なのです。

5　テーマ2「やりたくない仕事を命じられたらどうするか」総括のための講評のコツ

このテーマの討議時間（グループ内総意形成及びグループ内プレゼン）は20分という短期決着が要求されています。

テーマ1の講評を聞いた後なので、正社員は、「辞めると損」がわかっているので「やりたくない仕事でもなんとか我慢する」そうすれば「次はやりたい仕事がまわってくるはずだ」それまでしばらく辛抱するという意見が多いところから始まります。しばらくすると「いやまてよ」と気付く者があらわれます。付記に「グループの結論・総意、自身の考えは部下に対しても通用するか？」と書かれています。プロパー社員は、将来を嘱望されている立場にあります。「辞めたら損」とテーマ1の講評で、聞かされたので、長く勤めるために我慢しようと考え直したばかり。自分は、正社員として、長期勤続前提で仕事に取り組むので、プロパー社員はすぐに人の上に立つ立場になることが予想できます。でも自分の部下には非正規社員の皆さんが大勢いらっしゃる。この人たちは期間限定で「辛抱している」内に契約期限が来てしまうのです。討議しているうちに、その人たちに我慢、辛抱の言葉は通じないということに気付きます。こうなると自分は「やりたくない仕事／他人はやりたい仕事と感じるのはなぜか？」の付記に気付くのです。

仕事は、目の前に存在します。誰が見てもその存在は現認できますが、「やりたい／やりたくない」は、その仕事に対する自身の考え方によるのではないかということに気付くのです。ここから先の議論がようとして進まなくなり、20分のアラームが鳴って終了となります。

そこで講評となり「やりたくない」の理由を考えることを勧めます。すると、誰しも頭の中で自分勝手な理想郷を妄想し始めます。仕事に対しても「・・・であったらいいな」「・・・であったらいいな」と思い続けているといつの間にか「・・・であらねばならない」に替わっているのです。空想が、現実にあるはずだという考え方になっているのです。

或いは、同種の仕事について過去に失敗体験を有し、失敗したら給料が上がらない、昇進が遅れるなど危惧し、やりたくない仕事と考える場合もあります。過去の失敗体験の失敗の原因を自身の能力不足なのか、環境のせいなのか、組織のせいなのか精査せず、不明のまま十把一絡げにして考えてしまうのです。このような考えは、ストレス耐性にも大きく影響します。

プロパー社員は、選んだ会社に入社するのではなく、組織の側が選んで採用するのです。ですから、組織の都合に自身の考えを合わせない限りその組織にいることはできません。

こう考えると「年次別　働き方に対する意識」の第二位の「面白さや、やりがいを感じる仕事をしたい」は間違っているといえます。面白さややりがいを感じる仕事が自分の主観で決めてしまうことが、間違っているのです。よく離職理由に「ミスマッチ」という見出しを目にしますが、プロパー社員にとって、仕事は、会社が必要に応じて当人に命じるものであり、それを請けなければならないプロパー社員においてはもともと「ミスマッチ」という言葉はないのです。ですから「ミスマッチ」といって離職するのは、もともとプロパー社員はなんたるかをわからず就活し、入社した会社の人事方針を理解せず離職し「ミスマッチ」と理由付けすることが、間違っているのです。プロパー社員に「ミスマッチ」はないのです。プロパー社員には、将来の会社幹部として多岐に渡る仕事を経験させるプログラムの過程で、会社が異動を命じます。それに従わなければなりません。

正社員は、「面白さを感じない、やりがいを感じない」ときは、それを感じる真因はなにかを立ち止まって考えることが必要です。合理的でない考え方=不合理な考え方に支配されていることによって引き起こされた意識であるかどうか検証してみることが必要なのです。

なにごともストレスに強くならないと、ものごとを成就させることはできません。短期は損気です。「〜であらねばならない」という気持ちが起きてきたときは「〜であるに越したことはない」と思い直すことによって危機を脱することができます。このような不合理な考え方は「思い込み」とも言われています。代表例は**図表13**の通りです。

図表13　思い込みからの解放

不合理な考え方から解放
◆～であらねばならない　⇒　～であるに越したことはない ◆○○○○だ！　⇒　○○○○に越したことはない ◆職場は和気あいあいとした雰囲気がなくてはならない ⇒職場は和気あいあいとした雰囲気があるに越したことはない ◆仕事は、やりがいやおもしろさや充実感がなくてはいけない ⇒仕事は、やりがいやおもしろさや充実感があるに越したことはない ◆仕事は完璧でなければならない　⇒　仕事は完璧であるに越したことはない ◆一度でも失敗したら、取り返しのつかないものだ　⇒　失敗した、取り返しのつかないもの ※この二つの文章が結びつかねばならない論理的必然性はない ◆上司は部下に親切であらねばならない　⇒　上司は部下に親切であるに越したことはない ◆会社は社員に高給を支払わねばならない　⇒　会社は社員に高給を支払うに越したことはない ◆人から嫌われる人間になってはならない　⇒　人から嫌われない人間になるに越したことはない

これは、うつ病の改善にも使われる「論理療法」で、不合理な考え方からの解放と言われています。

Wikipedea より

論理療法（ろんりりょうほう、Rational therapy）とは、アルバート・エリス（Albert Ellis）が1955年に提唱した心理療法で、心理的問題や生理的反応は、出来事や刺激そのものではなく、それをどのように受け取ったかという認知を媒介として生じるとして、論理的（rational、あるいは合理的）な思考が心理に影響を及ぼすことを重視している。理論としては、イラショナル・ビリーフ（非合理的な信念）は「〜ねばならない、〜すべきである」という信念から起こっており、これが人々を情緒的に混乱させている。情緒的に混乱し、不安や落ち込み、怒りなどがあるときには、自分は非科学的に思考していることが仮定できる。たとえば、イラショナル・ビリーフは以下のような特徴がある。

・事実に基づいていない「親切にしたら必ず返ってくる」「試験に不合格ならホームレスになってしまう」
・柔軟的ではない／論理的ではない 「ここで失敗したら、一生うまくいかない」
・証明できない 「常に一番にならなければならない」
・幸せな結果をもたらさない 「怒りに怒りで返す」

ラショナルビリーフ（合理的信念）は、確実性ではなく確率に基づいた、「〜に越したことはない」という考えである。イラショナル・ビリーフを論駁するために、そこに根拠がないこと、ラショナル・ビリーフなどとの違いを比較し、合理的な思考が使用できるようにしていく。

項目名：論理療法　発行所：ウィキペディア日本語版

取得日時：2017年10月17日　08：26（UTC）
URL：http://ja.wikipedia.org

理論を提示した後、ここで、あなた達（学生）の思い込みは、本当にそうなのか、と問いかけ、理論を押し付けるのではなく、考えさせることがポイントです。全て「〜であらねばならない」ことは「〜に越したことはない」ですよね？と聞きましょう。

ここまでくると、学生は、だんだん、落ち着いてきます。今までの就活とは違う、企業の主張を聞いて、一つ扉が開けたような気分になっています。

総括を終了するときは、「次の面接に進める場合、他社を受ける場合でも、次回の面接前には、しっかり創業の理念を読んでから受けましょう」と言って送り出してあげてください。私の今までの面接代行の経験ですと、学生は、全員、「こんな話を聴いたのは、はじめてです！」「もっと、早くに聞きたかったです！」「これからの就活を立て直します！」と目を輝かせて帰って行きます。ビジネスパーソンの先輩冥利につきます。

総括の流れで重要なことは、説得ではなく、納得させる（腑に落とす）ことです。

ご自身も腑に落としていないと、学生を巻きこむことは出来ませんから、よく理解されてください。

説得とは、自分の考えを相手に理解させることを指します。自分の主張を論理的に説明して、相手を説き伏せようとする行為です。相手からすると、論理ずくめで反論もさせられずに押し通されたという印象を持つ場合があります。

納得とは、相手に自分の意志で行動してもらうことを指します。相手が自分のメリットを理解して、自発的に行動してくれますから、押しつけられた印象はありません。相手の気持ちに立って話を進めるので、反論をされることも少ないです。

当たり前ですが、面接に来ている全ての学生にとっての最大の関心事は、「内定を取ること」です。学生にとっての最大のメリット、「今日からどんな会社でも内定を取れるようになる秘訣を授けるから、よく聞きなさい」と言って、総括を始めるテクニックもあります。先ほどまでのディスカッションで元気が無かった学生も身を乗り出して聞く姿勢を見せます。そうなったらしめたものです。納得する体制に入ったということです。質問を織り交ぜ、学生に頷きを促し、頷くという行動からも、「自分は納得した」という実感を持たせるようにするのも一つのテクニックです。

実は、総括を聞く前の学生の志望目的は、どの企業でも使える志望目的がほとんどです。

「御社は、IT 業界のなかでも、公共性の高い大規模システム開発に強みがあります。御社でなら、システムを通して、より多くの人々の生活を支え、効率化していけるのではないかと考え、貴社を強く志望しております。」←安定が欲しい。

「私は志望業界や職種を決める際に、大学で学んだ知識を生かせるIT業界を選びました。将来どの職業に就いてもパソコンを使うだろうということで情報電子工学科のある大学に入学したため、Web関連の知識を活用できるIT業界で働きたいと思ったのが理由です。企業を選択する際には、職場環境が仕事をしていく上で自分に合っているかどうかを重視しています。働いている人の雰囲気や労働条件など、入社してから後悔することが無いように企業研究を徹底しておこなうようにしています。プライベートを充実させるためにも、従業員を大切にしている会社に就職したいと思っています。」←福利厚生が手厚いところを探している。

「私はIT技術で人々の暮らしを支える仕事に大変魅力を感じました。貴社は様々な業種の顧客様のニーズに対応してきた実績があります。それは、社員一人ひとりの自覚と努力によってスキルアップし、その成果が技術や商品に反映されているためだからだと思いました。日々変化するIT技術にも対応することができ、それは顧客満足にも繋がると感じています。また、私の大学のゼミでのスマートフォン向けアプリ開発で培ったノウハウを活かせると考えて貴社を志望致しました。」←IT企業ならどこでもいい。

安定して楽な仕事に就ければいいというのが、透けてみえます。企業研究のポイントがどこにあるのかがわからない、業界研究がやっと、という状態です。

この総括を聞くことにより、次の段階の面接に上がれる学生は、その受けている会社の理念と自分の関係をより深く見てから、面接に臨みます。企業人への一歩を踏み出せたともいえるでしょう。

さて、総括について、ここまでは「なるほどよくわかった」という人も「グループの結論・総意、自身の考えは部下に対しても通用するか？」ということについての疑問はそのままです。部下に対する対応はどうしたらいいでしょうか。部下は上司の背中を見て育つといわれます。その通りです。部下は日頃から上司の言動をしっかりと観察しています。その上司が会社や、さらに上の上司の不平不満を年中ブツブツ言っていたら、どうでしょうか。部下に猫なで声で近づいてきて、君のために新しい仕事を用意したのだがやってくれないかとささやいたとしたらその部下は「冗談じゃないですよ、みんなが嫌がる仕事を押し付けてきて自分でやったらいいじゃないですか」と言って、仕事を請けてくれる部下など一人もいないでしょう。

まず、この上司の不平不満のもとは何でしょうか。自身のもつ「不合理な考え方＝～ねばならない」で目の前の現象を判断し軽率に口に出しているのです。こういう上司は組織に大勢います。ところで信頼される上司は黙っています。ひたすら仕事に一心不乱で取り組んでいます。部下はその背中を見ています。いざというときに「上司が新しい仕事のやり手を探していた。誰かいないかねということだったので、君の将来のためにここは買って出たほうがいいと思ってうちの部下にいい候補者がいるのでと言って仕事をもらってきたのだが、どうだいやってくれないか」と上司に言われた部下はその仕事に気は進まないとしても、日頃から信頼している上司の判断にゆだねようと思い、上司がそれほどまでにいうのであれば「ちょっと大変かと思いますがやってみます！」と言って必ず請けてくれる人材に育っているものです。

新入社員になれば、先輩社員が「どうだいこの会社は」とか「この会社に入ってどうだった」と必ず聞いてくるものです。このとき、意識改革できていない新入社員が、不合理な考え方で目の前のことを判断すると十も二十もたちどころに会社、上司、同僚、顧客等々に対し不平不満がでてくるものです。それを軽率に口に出してなりません。不平不満を口に出した途端、ああこの人物はこれだけのものかと評価されて、以後長い間その後ろ向きの評価は変わることがありません。何気ない一言があとあと大きく影響します。プロパー社員は、それほど注目され期待されているのです。組織人になったら、その日から理に叶っているかどうか口に出す前に一呼吸置くことを習慣づけなさいと助言しています。

これでお分かりのように、グループディスカッションは選考を兼ねた人材育成の場なのです。テーマ２の講評をもってグループディスカッションは終了です。

見渡すと、参加者全員、当初に比べて目の色が変わりました。生き生きとしてきました。やる気があふれてきたのが顔色からみて取れます。

このグループディスカッション面接を受ける前に、テーマ１及びテーマ２の正解をかすかに知っているのは、就活中、つねに５人に１人です。そういった者は、内々定通知を５～６枚持っています。就活時期に関係なくこの学生層が内々定通知を独占しています。５人に１人はどこから正解を得たかを聞いてみても本人もよくわからないのです。実は、これが探し求めている「直観力」「判断力」「実行力」をもつ人材なのです。グループディスカッション面接の後、二つのテーマの講評を聞いた残りの４名はこの日をもって「直観力」「判断力」「実行力」をもった人材へと全員が変身することになるのです。

第7章
グループディスカッション評価表づくり

1 評価項目

選考から内定までは、会社説明会⇒能力適性試験の合格者⇒グループディスカッションの合格者⇒一次面接の合格者⇒二次試験の合格者⇒役員面接の合格者⇒内々定通知⇒確約書の返送⇒内々定通知交付⇒10月1日付けにて「内定通知」交付となります。**(図表14)**

この章では、グループディスカッションの評価表づくりのノウハウを教えます。

評価は、グループディスカッション面接の前後も含みます。会場受付前のロビーや待合室での態度から受付での応対、エントリーシートの出し方、会場入室時の挨拶等注意深く見守ることから評価は始まります。

①態度（行動)、②ビジネスマナー、③姿勢（心のありさま)、④忍耐力、⑤討議参画度、⑥チームワーク、⑦組織人適性、

⑧リーダーシップ、⑨ストレス耐性、⑩臨機応変／融通（直観力・判断力・実行力）の10を評価項目とします。

図表14　スケジュール

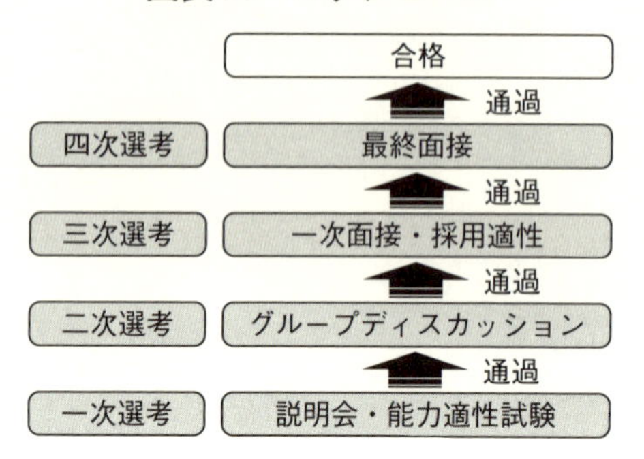

2　評価項目ごとの主たる着眼点

グループディスカッション中の人物評価を項目ごとに細かく見ていきましょう。

①態度（行動）

・ボールペンくるくる回しをするようなことはなかったか
・傲慢な態度を見せるようなことはなかったか
・特有のクセがあるようなことはなかったか
・業界が違う・職種が違うような印象を受けることはなかったか

②ビジネスマナー

・ロビーや待合室での待ち時間に男女雑談に花が咲かせるようなことはなかったか
・受付で元気よく「こんにちは」「よろしくお願いします」の挨拶ができたか
・受付で元気よく名乗ることができたか（学校名、氏名）
・受付卓に自分のカバンを載せるようなことはなかったか
・ESを両手で差し出せたか
・ESの写真を貼り忘れ受付係に「のり」を借りるようなことはなかったか
・会場入室時元気よく「こんにちは」「よろしくお願いします」の挨拶ができたか

・スニーカーソックスを履いているようなことはなかったか
・柄物靴下・派手な色の靴下を履いているようなことはなかったか
・普段の生活の癖が出て靴を脱いで裸足になるようなことはなかったか
・姿勢がぐにゃぐにゃなではなかったか（体力ナシ、情熱ナシ、意欲ナシ）
・腕組みするようなことはなかったか（相手の意見を拒絶する態度。誠意ナシ）
・退出時「ありがとうございました」ときちんと挨拶ができたか

③姿勢（心のありさま）

・発言回数は　〈かなり多い、多い、適当、やや少ない、少ない、第一声のみ〉
・発言内容は　〈大変よく分かる　よく分かる　分かる　やや分かりづらい　ほとんど雑談風〉
・テーマ理解度　〈よく理解　理解　普通　的外れ　興味関心なし〉
・共感性は　〈建設的参画　まとめる意欲示す　理解を示す程度　持論に固執　興味示さず〉
・取組む情熱は　〈目がキラキラ輝いている　メンバー全員に目配り気配り　自論はしっかり　支離滅裂　沈黙が多い〉

・態度に現れる情熱〔身を乗り出して参画　相槌適確　にこやか　ムラがある　無表情〕

・思いやり〔メンバーへの配慮抜群　親切心が見ていて分かる　おだやか　ゆとりナシ　自分の世界〕

・総意形成へ〔率先垂範　リーダー補佐タイプ　個人の範囲　ついてゆけず　脱落〕

・言動から〔人の上に立つ　補佐役タイプ　スタッフ向き　求心力ナシ　その他大勢〕

・粘りは〔人一倍最後まで頑張る　最後まで頑張る　そこそこ　あなた任せ　投げてしまっている〕

・メモ取りは〔短時間要点的確　短時間的確　的確　メモ取り専念　メモ取りせず発言せず〕

・姿勢総合評価〔臨機応変度／融通度（直観力・判断力・実行力）
管理職見込み　リーダー見込み　一般職止まり　作業員レベル　使えない〕

④忍耐力

・飽きてしまって足をバタバタさせるようなことはなかったか

・わずかな空き時間でもすかさず雑談で騒がしく盛り上がるようなことはなかったか（表裏がある者）

⑤討議参画度

・議論に参画せず、懸命にメモばかり取るようなことはなかったか

・他人の意見の補足説明や言い直しを自身の発言と錯覚していなかったか

・議論にならず世間話レベルに興じるようなことはなかったか

⑥チームワーク

・自身の考えを持たずメンバーの発言を偉そうに評論をするようなことはなかったか

・言葉尻ばかりをとらえて本格議論に参加できないようなことはなかったか

⑦組織人適性

・自身の主張に固執するようなことはなかったか

・態度・風体からいかにもアルバイト経験がにじみ出ているようなことはなかったか

・俺俺（オレオレ）を連発するようなことはなかったか（こういう者は顧客の前に出せない）

⑧リーダーシップ

・第一声のあと最後まで発言せずじっと聞きっぱなしでまとめになると一人で個々のメンバーの意見にコメントし総括してしまおうとするようなことはなかったか（記憶力・理解力・集中力の世界）

⑨ストレス耐性

・貧乏ゆすりをすることはなかったか
・手を始終口や顎に当てることはなかったか
・目線を合わすことができないようなことはなかったか
・ことさら大声を上げるようなことはなかったか

⑩臨機応変／融通（直観力・判断力・実行力）

・つねにきょろきょろ周囲を見回し発言できないままでいなかったか

3　総合的判定のポイント

評価項目は10項目で、これらを３つに分けることが出来ます。

1．マイナス方向へ振れるもの
2．プラス方向へ振れるもの
3．これぞ重要ポイント

①態度（行動）…該当すればマイナス／該当なければ⇒ OK
②ビジネスマナー…プラス／マイナス混在
③姿勢（心のありさま）…プラス／マイナス混在
④忍耐力…該当すればマイナス／該当なければ⇒ OK
⑤討議参画度…該当すればマイナス／該当なければ⇒ OK
⑥チームワーク…該当すればマイナス／該当なければ⇒ OK
⑦組織人適性…該当すればマイナス／該当なければ⇒ OK
⑧リーダーシップ…該当すればマイナス／該当なければ⇒OK
⑨ストレス耐性…該当すればマイナス／該当なければ⇒ OK
⑩臨機応変／融通（直観力・判断力・実行力）…該当すればマイナス／該当なければ⇒ OK

このような多岐に渡る個性を１対１の短時間の面接で面接

官は、見極めることができるでしょうか。短期決戦の面接時間では学生は尻尾を出しません。ですから、１対１の面接選考前にこの特徴があからさまになる機会、すなわちグループディスカッション選考が必須なのです。

グループディスカッション選考導入後は、評価について、このような選択眼をもって会場入室前から終了退出に至るまでしっかりと観察しているかを検証してください。プロパー社員を採用すれば43年間に渡って雇用を保証しなければなりません。リスク保有者をうっかり合格としないよう、水際で最新の注意をもって検査する過程が、グループディスカッション選考なのです。

4　姿勢総合評価をもって採否総合判定とする

③姿勢（心のありさま）については、さらに「これぞ重要ポイント」を細かく見ていくことをお勧めします。

合格基準は、以下のマークしてある通りです。

・発言回数は　〔**かなり多い　多い**　適当　やや少ない　少ない　第一声のみ〕

・発言内容は　〔**大変よく分かる　よく分かる**　分かる　やや分かりづらい　ほとんど雑談風〕

・テーマ理解度　〔**よく理解　理解**　普通　的外れ　興味関心なし〕

・共感性は　〔**建設的参画　まとめる意欲示す**　理解を示す程度　持論に固執　興味示さず〕

・取組む情熱は　〔**目がキラキラ輝いている　メンバー全員に目配り／気配り**　自論はしっかり　支離滅裂　沈黙が多い〕

・態度に現れる情熱　〔**身を乗り出して参画　相槌適確**　にこやか　ムラがある　無表情〕

・思いやり　〔**メンバーへの配慮抜群　親切心が見ていて分かる**　おだやか　ゆとりナシ　自分の世界〕

・総意形成へ　（**率先垂範**　**リーダー補佐タイプ**　個人の範囲　ついてゆけず　脱落）

・言動から　（**人の上に立つ**　**補佐役タイプ**　スタッフ向き　求心力ナシ　その他大勢）

・粘りは　（**人一倍最後まで頑張る**　**最後まで頑張る**　そこそこ　あなた任せ　投げてしまっている）

・メモ取りは　（**短時間要点的確**　**短時間的確**　的確　メモ取り専念　メモ取りせず発言せず）

・姿勢総合評価　（臨機応変度／融通度（直観力・判断力・実行力）
管理職見込み　**リーダー見込み**　一般職止まり　作業員レベル　使えない）

採否総合判定　☑OK　一次面接へ上げる　**管理職見込み**／**リーダー見込み**　判定された者のみ
□繰越　歩留まりをみて判断　一般職止まり
□補欠　できるだけ避けたい　作業員レベル
□不合格　使えない

グループディスカッションの評価員は、男性ベテラン社員と女性ベテラン社員をあてることを勧めます。総合判定においては、必ず両性の目をもってあらゆるビジネスのシーンを想定します。この者を一人でその場に直面させたときの言動を想定して適格者であるか否かを判断し、この者ならできると判断した場合に、一次面接に上げることを決めます。

評価員二名とも☑OK であれば問題はありませんが、この判定結果について二人の評価員の判定が食い違うことは10%程度あります。☑OK と☑繰越の組み合わせです。

③姿勢以外の項目で該当する？が入った場合がほとんどです。その場を評価員が遭遇した（見た）か否かで判定が異なってきます。

③項目以外は、該当したことが軽微なことであり、入社後教育や上司の指導等で改善の見込みが大であると判断したときは、両評価員の合意のもとに調整の余地があるものとします。二人の判定結果に食い違いを生じさせない、観察・評価の空き時間をつくらないようにするには、評価員は二人必要なのです。

採否総合判定では４段階にて判定します。二人の評価員がそろって OK は文句なしに次の面接に上げます。☑OK と☑繰越の組み合わせのときは、原則不合格とするが、軽微なマイナス要因であればこれまでの応募状況、これからの応募者の見込み等勘案して、コメントを付記して一次面接へ送ることもありえます。

5　合格者数確保のために評価枠を拡大する

③項目における「繰越レベル」について解説します。

二人の評価員が一致して☑ OK の確率は、就活シーズンを通して50％、つねに60％以上を理想としていますが、就活シーズン当初60％超の合格率は次第に下がり続けます。就活シーズン末期には10％台まで落ち込みます。

せっかくの応募者であり、できるだけ大勢を一次面接へ送り込みたいのが心情です。グループディスカッション選考合格基準のハードルを下げることとなります。③項目において「繰越レベル」は次の通りです。

③姿勢（心のありさま）

- 発言回数は　｛かなり多い　多い　**適当**　やや少ない　少ない　第一声のみ｝
- 発言内容は　｛大変よく分かる　よく分かる　**分かる**　やや分かりづらい　ほとんど雑談風｝
- テーマ理解度　｛よく理解　理解　**普通**　的外れ　興味関心なし｝
- 共感性は　｛建設的参画　まとめる意欲示す　**理解を示す程度**　持論に固執　興味示さず｝

・取組む情熱は（目がキラキラ輝いている　メンバー全員に目配り気配り　**自論はしっかり**　支離滅裂　沈黙が多い）

・態度に現れる情熱（身を乗り出して参画　相槌適確　**にこやか**　ムラがある　無表情）

・思いやり（メンバーへの配慮抜群　親切心が見ていて分かる　**おだやか**　ゆとりナシ　自分の世界）

・総意形成へ（率先垂範　リーダー補佐タイプ　**個人の範囲**　ついてゆけず　脱落）

・言動から（人の上に立つ　補佐役タイプ　**スタッフ向き**　求心力ナシ　その他大勢）

・粘りは（人一倍最後まで頑張る　最後まで頑張る　**そこそこ**　あなた任せ　投げてしまっている）

・メモ取りは（短時間要点的確　短時間的確　**的確**　メモ取り専念　メモ取りせず発言せず）

・姿勢総合評価（臨機応変度／融通度（直観力・判断力・実行力）
管理職見込み　リーダー見込み　**一般職止まり**　作業員レベル　使えない）

採否総合判定　□OK　一次面接へ上げる　管理職見込み／リーダー見込み　判定された者のみ

☑繰越　歩留まりをみて判断　一般職止まり
□補欠　できるだけ避けたい　作業員レベル
□不合格　　　　　　　　　　使えない

これによって合格率を80％にすることを目標とします。☑補欠はつねに15％いますが一次面接には上げることはできません（一次面接で合格しない）。☑不合格はつねに５％います。

（☑ OK ＋☑ OK50％）＋（☑ OK ＋☑繰越又は☑繰越＋☑繰越30％）＋（☑繰越＋☑補欠又は☑補欠＋☑補欠15％）＋（☑補欠＋☑不合格又は☑不合格＋☑不合格５％）－100％。グループディスカッション合格枠を80％まで拡げますが、プロパー社員は幹部候補生です。☑繰越レベルの項目は入社式前までに☑ OK レベルに引き上げなければなりません。内定期間中に行う「内定者教育」において的確な手を打ち、即戦力化を目指します。

なお合格枠をどこまで拡げるかは、それぞれの企業の採用枠と応募者数によって違ってきます。

第8章

グループディスカッションは選考の場であるが、人材育成の場でもある

1　グループディスカッションを人材育成の場とすれば一石二鳥

ここで重要なので、なぜグループディスカッションが、人材育成の場となり得るかをもう一度まとめます。

グループディスカッション選考の目的は、一次面接へ上げる前に応募者に等しく次の通り意識改革を狙っています。意識改革は討議前に行うこのテーマをなぜ今取り組まなければならないかの理由説明、及び合意形成の後の講評において行います。

1対1の面接選考の回数を増やしても同じ質問をされている企業がほとんどです。面接官は、通常の業務と兼務で任命されてきます。大勢任命しておき、その中から面接設定日時に時間が取れる者があたるのが通常です。誰でもできるように面接項目はあらかじめ決められています。その紙を見て順繰りに質問しているだけなのが現状です。ですから、面接を

何回重ねても結果は同じなのです。同じような質問の繰り返しなので、応募者の方が慣れてきて次第にスラスラ答えるようになります。そして、うわべを繕うのが上手な者が合格していきます。

同じ時間を使うなら会社にとっても応募者にとっても有意義な時間にしたいものです。１対１の面接選考段階をひとつ削り、人材育成もできるグループディスカッションを実施すべきです。

与えるテーマは年次別働き方の意識に１位「仕事はお金を得る手段である」を考えさせるもの、２位の「面白さや、やりがいを感じる仕事をしたい」を考えさせるものとします。取り上げた背景、プロパー正社員の雇用条件の特徴を知らしめた上、議論を開始させ、総意形成させたうえ、講評とします。この講評においてそれぞれのテーマについて会社の考えを明確に知らしめるのです。意識改革を図るのです。グループディスカッションの討議の過程で、プロパー正社員の有すべき真のコミュニケーション力（直感力⇒判断力⇒実行力にもとづく利害調整能力）の持ち主を選ぶことができます。同時に、プロパー正社員が持っていなければならない働く目的に対する正しい意識の醸成（カネのためではない）、やりたくない仕事に対する理に叶った考え方への気づき（やり甲斐がある仕事であるに越したことはない）、ほどなくリーダーになる者は持つべき背中で部下を育てる姿勢について認識させます。これが意識改革です。この意識改革はたとえ合格しなかった場合でも応募者にとってはこの経験は自己成長のためのきわめて貴重な機会となります。不合格者は将来の顧客となります。グループディスカッションでの意識改革が自身の人間形成にどれだけ役に立つかは後日よく分かることになります。グループディスカッションは自社のファンを作ることにもなるのです。

2　グループディスカッション　テーマ1の講評で意識改革を図るやり方とは

(1)　会社はプロパー正社員に43年間の雇用を保証する、同時にプロパー社員には「どんな仕事でもやってもらう」「どこの任地へもいってもらう」が採用の条件であることを理解させます。

(2)　働く目的は「お金のためではない」ことを理解させます。社会貢献度が高ければ高いほど売上は上がり結果として利益が増えます。人件費は利益の中から支払われるので、会社は社会貢献大なる製品やサービスを創出することによって「世のため、人のため」に役立ち、同時にプロパー社員の給与が上がり、福利厚生制度も充実させることができるのです。教育訓練投資も積極的に行うことができます。補足として非正規社員の賃金は会社業績と関係なく当該地域の当該職種の時価で決まります。好景気時には時価は上昇し、不景気になると当該地域の最低賃金額まで下落します。さらに不景気になると仕事自体がなくなるこわさがあります。これらのことを理解させます。

(3)　社会貢献はどこの会社・組織でも謳っています。面接でこの場に座っている、すなわち当社に応募したということはどういうことなのか。「この会社に入って社会貢献したいのです」は志望理由になりません。すべての会社が社会貢献しているから。社会貢献していない会社は市場から退場を迫られ、やがて消滅していきます。こう考えていくと自分はなぜこの会社に応募したかという理由が明白になってきます。この会社の「創業の理念」「会社の目的」に惚れ込み入社させてもらいたく応募したのです。「創業の理念」「会社の目的」の具現化されたものがこの会社の製品であり、サービスなのです。自分はこの会社の「創業の理念」「会社の目的」に惚れ込んで、大勢のプロパー社員先輩と一緒になって「創業の理念」のさらなる普及に全力を尽くしたい、こう考える応募者のみ入社が許されることをわからしめます。「会社案内」「入社案内」のつくりはどこも同じ。表ページを開けると社長の顔写真、右欄或いは下欄には必ず「創業の理念」「会社の目的」が記載されています。応募者のもっとも関心が高いのは最終ページの「入社後の待遇」であろうがその前に「なんのために働くのか」「先輩社員と一緒になって創業の理念をさらに発展させていきたい」という情熱を経営者は知りたい、ということを腑に落とさせるのです。

3　お金や福利厚生制度への関心が強い者を意識改革する

ここで、キャリア教育の中では、あまり触れられない、オブラートに包まれていることをはっきり申し上げます。

⑴「入社後の待遇」にあれもこれもと多くを求める学生は、どの会社にとっても不要です。

「入社後の待遇」、いわゆる福利厚生は、先輩社員が一生懸命働いた結果、得た利益を使って人事制度に制度化したものです。もし、学生が他社比較をして低いと感じるものがあれば、入社して先輩社員と一緒になって、会社業績を上げる（売上を増大させる）ことによってより良いものにすることができます。福利厚生について、あるものについて評論家のように批判、論評するような人物ではなく、このことがよく分かって現場で汗をかく人材が欲しいのが本音です。

⑵　プロパー社員は、43年間長期的視野に立って「創業の理念」を追求していってもらいたい。いろいろな仕事に就いてもらう。幅広く仕事に携わることにより、人を知り、製品・サービスを知り、組織を知り、顧客を知り、会社を知ることが出来ます。それによって、よりよい製品やサービスを創造できる力が身に付くのです。厚労省の調査によれば、新卒正社員は３年以内に31.9％辞めていますが、これを「雇用のミスマッチ」と一言で片づける風潮があります。原因を「ミス

マッチ」に求めることは間違っています。もともとプロパー正社員は「雇用のミスマッチ」を前提に43年間の雇用が保証されているからです。「雇用のミスマッチ」を起こさない就職の仕方は非正規社員の働き方です。就業前に「雇用契約書」を経営者と取り交わす、そこには冒頭に「仕事の内容」が詳細に記されています。双方がこれを前提に期間限定で就業が開始されます。ですから、非正規社員には「雇用のミスマッチ」は起こりえません。

プロパー正社員においては「自分のやりたい仕事」だけやるという考えでは、やがて離職する羽目に陥ることになります。仕事内容や勤務地を決めずに入社するのが。プロパ―社員だからです。ここで大切なことは、自分はこの会社の「創業の理念に惚れ込んだから、この会社で仕事をしているのだ」という自身の情熱を常に思い返すこと、思い返させる仕組みが大切です。

4　プロパー正社員には「雇用のミスマッチ」がないと認識させる意識改革

テーマ2「やりたくない仕事を命じられたらどうするか」については「不合理な考え方から解放」「思い込みからの解放」を分かり易く解説します。上司から「この仕事にチャレンジしてみないか」と言われたとします。組織では上司からの「～してみないか」は提案ではなく命令です。「やらなければならない」のです。もし断ったらライバルにその仕事は振られてしまいます。実力発揮、能力向上の機会は永久に失われてしまいます。二度と声がかからなくなってしまう。プロパー社員はそれを知っているので「やります」と答えます。

そうはいっても「やりたくない仕事」はあるものです。「やりたくない」と思った時はどうした良いのでしょうか。その仕事の現場に行ってみることです。そこでは「やりたくない仕事」に大勢のプロパー社員が喜々として取り組んでいるはずです。なぜでしょうか。「やりたくない仕事」について頭の中で観念的に決めつけていることは何でしょうか。その決めつけは理に叶っているのでしょうか。「～○○でなければならない」という考えから来ているのではないでしょうか。「仕事はやりがいや面白さがなくてはならない」こんなことはだれが決めたのでしょうか。自分で勝手に思っているだけではありませんか。そう思うとこの考えは理に叶っていないことが分かります。プロパー社員の使命は「創業の理念」「会社の目的」を世間にあまねく世界の隅々までいきわたらせることです。そのために、上司が能力開発のために用意してくれた新たな活躍の場には、積極的に飛び込んでいく情熱が不可欠なのです。

このように、プロパー社員には仕事の「ミスマッチ」はあり得ないのです。プロパー社員は辞めたら、次の会社でも同じこと。結局は、培ってきたものを考慮すると、損なのです。

5　信頼されるリーダーになるために言動と仕事ぶりに対する意識改革

テーマ2「やりたくない仕事を命じられたらどうするか」について第6章5項（112頁）の解説を聞いて「なるほどその通り」と全員納得します。プロパー社員は2～3年のうちにサブリーダーになります。部下を持つ立場になります。つまり、部下に「やりたくない仕事を命じる」立場になるのです。講評では、この場合の対処の仕方も教えます。

信頼されるリーダーになるには、普段から言動に気を付けなければなりません。人の上に立つ人は一つの事象を見て直感で軽率な発言を絶対にしないこと。すべての場面において一呼吸おいて「自身の判断は理に叶っているか」を熟慮したうえ、理に叶った判断のもとに慎重に発言しなければなりません。仕事は一心不乱に取り組む。部下は上司の背中を見て育つ。このような言動と仕事ぶりからいつの間にか部下に信頼されるリーダーに成長することができるのです。そのリーダーから「君の将来のために今度この仕事に取り組んでほしいのだが」と言われた部下は、本心はやりたくない仕事かもしれないが、リーダーがそこまで自分を思ってくれているのかと感じ入り「少し難しいと思いますが、やってみます！」という人材に育っているものなのです。

講評がここまでくると、評価表で☑ OK ＋☑ OK ランク以下である☑繰越＋☑補欠のレベルの応募者まで目をランランと輝かせ、熱心に聞き入ってきます。しかし、☑補欠＋☑補欠レベルと☑不合格＋☑不合格の応募者は話自体を理解できなくぼんやり聞いています。このレベルの学生はどこの組織でも使えないだろうという判断になります。グループディスカッションを終了し退出するとき、☑補欠＋☑補欠レベルと☑不合格＋☑不合格の応募者を除く全員はさわやかに「ありがとうございました」「今日は本当にいい経験をさせてもらいました」「今日の体験をもとに就活戦略をすぐ再構築し明日から頑張ります！」との挨拶を残し退出していきます。グループディスカッションは選考の場であると同時に人材育成の場でもあるのが、ここでもよくわかります。

第9章

能力適性テストを自前でつくる

会社説明会の後、能力適性テストを行い、所定のランクに未達の者を不合格にすることが一般的に行われています。

機械的に線引きをして、本当に採りこぼしがないのでしょうか。

設問について、ご自分で解いたことはありますか。

高い能力適性テストなのに、入社前後の検証をせずに使い続けていませんか。

せっかく何かのご縁で応募していただいた者に対し、もっと多面的に短時間で特長を掴むことができるかもしれません。採用担当者は、このような疑問を持つ時には、前任者から引き継いできたやり方は変えてもいいのです。より良いやり方に変えることに、誰も異を唱える者はいません。疑問を持ったなら解決策を考え、企画し、実行するのが採用担当者の責務です。

「予算が決まっていて新たなテストは実施できない。」こんな声が聞えてきそうです。しかし、そんなことを言っているようでは他社に先を超されるだけです。「やらない」「やりたくない」の言い訳に過ぎません。ここでは、新たな予算がかからず、しかも企業の理念を実現していく仕組化もできる策を二つお教えします。

実は、能力適性テストは、その企業に合わせて、自作すればよいのです。

⑴　社会人基礎力評価テスト（実施時間：15分）

⑵　職業適性検査（実施時間：20分）

の二種類のテストのつくり方を解説します。まずは、「やってみる」ことを勧めます。

1　社会人基礎力とは

「社会人基礎力」とは、「前に踏み出す力」「考え抜く力」「チームで働く力」の３つの能力（12の能力要素）から構成されており「職場や地域社会で多様な人々と仕事をしていくために必要な基礎的な力」として、経済産業省が2006年から提唱しています。企業や若者を取り巻く環境変化により、「基礎学力」「専門知識」に加え、それらをうまく活用していくための「社会人基礎力」を意識的に育成していくことが今まで以上に重要となってきています。

以下は、平成18年２月８日経済産業省により公表された「平成18年１月20日／社会人基礎力＜中間とりまとめ＞報告書の抜粋です。

国としても、本書が述べてきた問題に気付いており、「社会人基礎力」を提唱していることがよく分かります。

Ⅰ．職場や地域社会で求められる能力

「働くこと」は人々の人生において大きな地位を占めており、社会に出るとき多くの若者は職場や地域社会で思うような活躍をし、豊かで充実した人生を送りたいと願っている。

その実現のためには「職場や地域社会で求められる能力」を適切に身に付けることが必要となるが、90年代以降に生じた環境変化の下「若者が社会に出るまでに身に付ける能力」と「職場等で求められる能力」とが十分にマッチしていないことが指摘されている。こうした問題は、近年の「若者が学校卒業後にスムーズに職場に定着できない」という問題（いわゆる「学校から職場への移行」の問題）の背景にもなっていると考えられる。

1. ビジネス・教育を巡る環境変化

90年代以降のビジネス環境の変化を見ると、特に国内市場の成熟化やIT化の進展が、企業の経営方針や職場で求められる活動に重要な影響を与えている。国内市場の成熟化は右肩上がりの成長を終焉させ、市場ニーズの多様化や商品サイクルの短期化をもたらした。また、IT化の進展は職場の単純な作業を機械化することを可能としている。こうした状況の下、現在の企業の現場では、急速に変化する市場ニーズへの対応に向けて、今まで以上に「新しい価値のある商品やサービスをいかにして創るか」が重要な課題として意識されてきている。

また、教育環境の変化について見ると、家庭や地域社会の教育力の低下と、大学進学率の上昇が同時に生じていることに注意する必要がある。家庭については、子供・親・兄弟、祖父母、近隣の人と触れあう機会の不足が教育力低下の理由として指摘されている。一方1990年には36％であった大学進学率が2004年には、ほぼ50％に達するまで上昇している。入試制度も多様化する中で、大学は従来に比べ、より多様な若者が集まる場となってきており、2007年の大学全入時代を迎え、その傾向は強まっていくものと考えられる。

２．職場等で求められる能力の明確化

90年代以降のビジネス・教育環境の変化の中で、職場等で求められる能力はどのようなものとなっているのだろうか。これについて、本研究会における議論や、近年実施されている「企業が採用時に重視する能力」や「経営者が欲しいタイプの人材像」に関する調査の結果などを踏まえると「人」「課題」「自分」をそれぞれ対象とした以下の３つの分野に属する能力が共通して挙げられるものと考えられる。

○人との関係を作る能力
（例）コミュニケーション能力、協調性、働きかけ力　等
○課題を見つけ、取り組む能力
（例）課題発見力、実行力、創造力、チャレンジ精神
○自分をコントロールする能力
（例）責任感、積極性、柔軟性

こうした職場等で求められる能力については、人との接触の中で仕事に取り組んでいく上で必要な力であり、基礎学力などと並ぶ重要な能力として、従来から多くの人々や企業の間で意識されてきた。しかし、その能力の具体的な定義や育成のための方法等については、半ば「常識」のレベルの事柄と見られ、あまり明確にはされてこなかった。これは、上記のような能力が、子供が大人になるプロセスで、家庭や地域社会の中で「自然に」身に付けられるもの、との認識が一般的であったことが大きな理由であったのではないかと考えられる。

しかし、90年代以降、企業の経営課題が「既存の成功モデルの踏襲」から「新しい価値の創出」に軸足を移すにつれ、上記のような人との接触の中で仕事に取り組む能力が必要とされる場面が増えてきている。例えば、現在の職場では、新しい価値創出に向けた課題の発見、関係者からアイディアの収集、実現のための試行錯誤、といった活動がより多くの場面で必要となってきている。また、「多様な人々との協働」により、課題解決の糸口を探すような活動、すなわち、チームワークが求められる度合いも高まっている。人々がこうした活動に効果的に取り組むためには、従来十分意識されていなかった「職場等で求められる能力」をより明確にし、意識的な育成や評価を可能としていくことが必要である。

こうした観点から、職場で求められる能力を定義すれば、

「職場や地域社会の中で多様な人々とともに仕事を行っていく上で必要な基礎的な能力」とすることが可能であり、社会の中で人と触れあうことを前提としていることから「社会人基礎力」と名付けることが適当である。

職場等で活躍していく上で、社会人基礎力は必要な能力の一分野ではあるが、それがあれば十分というものではない。例えば、「基礎学力」（読み書き、算数、基本 IT スキル等）や「専門知識」（仕事に必要な知識や資格等）は仕事をする上でも、大変重要な能力として理解されている。また、一個の人間として社会に出て活動するからには、「人間性、基本的な生活習慣」（思いやり、公共心、倫理観、基本的なマナー、身の回りのことを自分でしっかりとやる等）をきちんと身に付けていることがあらゆる活動を支える基盤となることは間違いないと考えられる。社会人基礎力は、こうした他の能力と重なりあう部分があるものであり、相互に作用し合いながら、様々な体験等を通じて循環（スパイラル）的に成長していくものと考えられる。**（図表15）**

図表15　ここに職場や地域社会で活躍する上で必要となる能力について

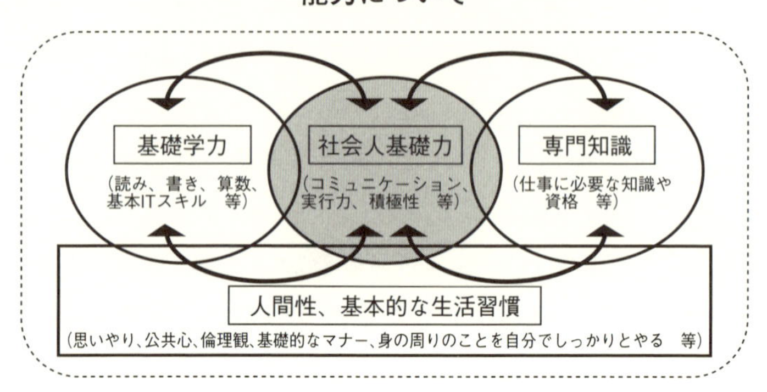

2　（参考）「求める人材像」と社会人基礎力との関係（12の能力要素）

参考までに、私どものコンサルティング先の業種と社会人基礎力の関係を挙げておきます。貴社では、どのような傾向となるでしょうか。

●若手社員に「不足が見られる能力」と社会人基礎力との関係

若手社員に、不足が見られる能力要素としては、企業規模に関わらず、「主体性」や「課題発見力」が指摘されている。

また、大企業では「働きかけ力」「ストレスコントロール力」においてより不足が見られる一方、中堅・中小企業では「実行力」「計画力」「柔軟性」において不足が指摘される。

●「求める人材像」と若手社員に「不足が見られる能力」との関係

企業が求める人材像と実際の若手社員の能力については、中堅・中小企業の方が相対的にギャップを感じている。

特に、「働きかけ力」「課題発見力」「ストレスコントロール力」については、企業が求める能力と若手社員の能力との間に大きなギャップが生じている。

●求める人材像と若者の認識とのギャップ

大企業が求める人材像と若者が強みと感じている分野に関

しては、「主体性」や「実行力」「課題発見力」で特にギャップが大きい。

若手社員に「不足が見られる」と企業が考える能力と若者が弱みと感じている分野との間では、「主体性」や「課題発見力」で特にギャップが大きい。

●業種別「求める人材像」と社会人基礎力との関係

企業の「求める人材像」は業種によって異なる。

●卸売・小売業

「チームで働く力」がやや高く求められる傾向にある。

要素別では、「働きかけ力」「規律性」「ストレスコントロール力」を求める企業が多い。

また、「計画力」「柔軟性」等を求める企業もやや多く見られる。

●金融・保険業

「考え抜く力」「チームで働く力」がやや高く求められる傾向にある。

要素別では、「課題発見力」「規律性」「ストレスコントロール力」を求める企業の割合が著しく多い。また、「主体性」「実行力」「創造力」「発信力」等を求める企業もやや多く見られる。

●建設業

「チームで働く力」が顕著に求められる傾向にある。

要素別では、「計画力」を求める企業の割合が著しく多く、

「実行力」「柔軟性」「情況把握力」を求める企業の割合も多い。

●サービス業

「前に踏み出す力」が顕著に求められる傾向にある。

要素別では、「創造力」「傾聴力」「ストレスコントロール力」を求める企業の割合が多い。

また、「主体性」等を求める企業もやや多く見られる。

●製造業

「考え抜く力」が顕著に求められる傾向にある。

要素別では、「主体性」「創造力」等を求める企業がやや多く見られる。

3．取り組むべき課題

(1) 若者における社会人基礎力のばらつきの拡大

近年、企業において、職場等で求められる能力として社会人基礎力を重視する傾向が強まってきています。一方、若者の社会人基礎力の一般的な水準はどのようなものでしょうか。

若者の社会的な能力の水準を明確化することは容易ではありませんが、意欲、説得力、協調性といった「社会的強み」について測定を行った調査、経産省による「社会人基礎力に関する研究会」によれば、1997年から2005年の間に若者の「社会的強み」の水準は、全般的に低下してきています。また、この研究会では「最近の若者を見ると、優秀な人は10年前とは比較にならないほど優秀である一方、中間層を形成する６割位の人々の平均的水準は昔よりやや低下しているように見える」といった意見が多数示されています。こうした調査結果や指摘を踏まえれば、今日、若者の社会人基礎力の水準については、少なくとも個人間のばらつきが拡大する方向にあると考えられます。

こうした動きの背景については、様々な要因が影響を与えていると考えられます。家庭や地域社会については、子供・親・兄弟、祖父母、近隣の人との触れあう機会の減少等により、その教育力の低下が指摘されています。また、この調査では、大学時代に部活動やサークル活動に全く参加しない学生が約４割強存在することが明らかになっています。若者を取り巻く環境や友人との関係等の変化の下で、社会人基礎力の育成についてばらつきが拡大しやすい状況が生じているのではないかと考えられます。

こうした状況の下、企業の対応にも変化が求められつつあります。従来、社会人基礎力のばらつきが小さかった時代には、一般に「学力」という指標と社会人基礎力の水準には相関関係があったことが指摘されています。このため、企業は採用段階において、数値化されやすい学力を評価することを通じて、社会人基礎力もある程度評価することができました。しかし、近年、社会人基礎力と学力との相関関係が低下していることが指摘されており、企業も人材の育成や評価において、社会人基礎力を独立した要素として意識することが求められているのです。また、入社後の人材育成においても、社会人基礎力の観点から継続的に実施することの必要性が高まっています。

学校においては、従来、正課の授業で学力や専門知識を養成する中で、社会人基礎力を育成する効果も上げられていたと考えられます。しかし、若者の社会人基礎力のばらつきが拡大する中、従来同様の教育手法では効果が期待しにくくなっており、これに対応するため、キャリア教育やプロジェクト型授業等、従来以上に現実の課題の解決との関連付けを行った教育手法を導入する学校も出てきています。特に大学教育では、より多様な若者が参加するようになってきており、大学における社会人基礎力の育成について、改めて意識的な取組が必要となってきているのです。**（図表16）**

図表16　学力と社会人基礎力の相関関係の変化

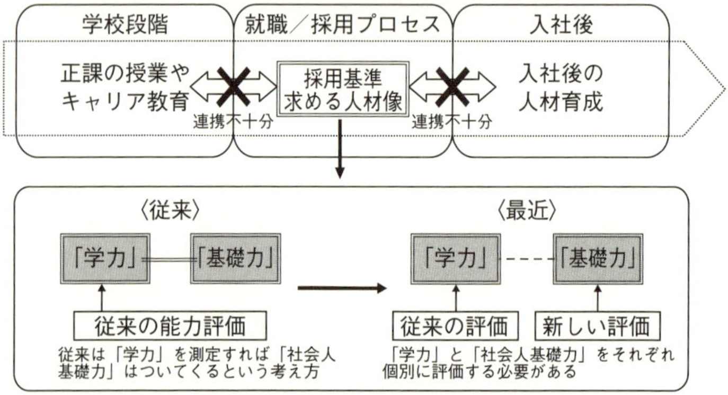

※ http://www.meti.go.jp/policy/kisoryoku/chukangaiyo.pdf

４　社会人基礎力の内容

１．社会人基礎力の具体的な内容

⑴　社会人基礎力を構成する主要な能力について

社会人基礎力の具体的な内容を示すに当たっては、近年のビジネス・教育環境の変化を踏まえつつ、幅広い関係者から共通の理解を得られるよう、分かりやすく、焦点を絞ったものとすることが重要です。同時に、育成や評価の指標として活用していくためには、具体的なイメージがわくようなものとすることが求められます。こうした観点から、社会人基礎力に関する研究会では集中的に議論した結果、社会人基礎力を構成する主要な能力について、以下の３つの能力に整理することとなりました。

①「前に踏み出す力」（アクション）」～一歩前に踏み出し、失敗しても粘り強く取り組む力～

・実社会の仕事において、答えは一つに決まっておらず、試行錯誤しながら、失敗を恐れず、自ら、一歩前に踏み出す行動が求められる。失敗しても、他者と協力しながら、粘り強く取り組むことが求められる。

②「考え抜く力」（シンキング）」～疑問を持ち、考え抜く力～

・物事を改善していくためには、常に問題意識を持ち課題を発見することが求められる。その上で、その課題を解決するための方法やプロセスについて十分に納得いくまで考え抜くことが必要である。

③「チームで働く力」(チームワーク)～多様な人とともに、目標に向けて協力する力～

・職場や地域社会等では、仕事の専門化や細分化が進展しており、個人として、また組織としての付加価値を創り出すためには、多様な人との協働が求められる。自分の意見を的確に伝え、意見や立場の異なるメンバーも尊重した上で、目標に向けともに協力することが必要である。上記の3つの能力については、それぞれが社会人基礎力を構成する不可欠な要素であり、相互につながりの深いものであることから、一つのグループとして身に付けることが望まれる。なお、3つの能力が求められる度合いについては、業種や企業、業務の内容等によって異なるものと考えられる。**(図表17)**

(2) それぞれの具体的要素

社会人基礎力の3つの能力については、その育成や評価を行っていく上で、さらに、それぞれの能力を構成する具体的要素について、個別に整理し、明確化することが有益です。経済産業省の研究会では「人」「課題」「自分」のそれぞれを

図表17　社会人基礎力とは

「社会人基礎力」とは

➢ 平成18年２月、経済産業省では産学の有識者による委員会（座長：諏訪康雄法政大学大学院教授）にて「職場や地域社会で多様な人々と仕事をしていくために必要な基礎的な力」を下記３つの能力（12の能力要素）から成る「社会人基礎力」として定義づけ。

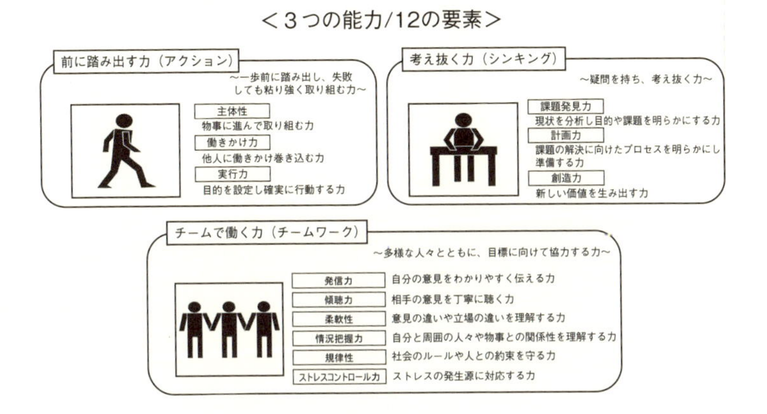

対象とした個別の能力要素を抽出した上で、社会人基礎力の３つの能力との関係について議論し、以下のとおり整理することとしました。**(図表18)**

以上が、平成18年２月８日経済産業省により発表された「平成18年１月20日／社会人基礎力＜中間とりまとめ＞報告書の抜粋です。

それでは、次項以降で、自社で能力適性テストをつくる工程を解説していきます。

図表18　社会人基礎力の能力要素

分　類	能力要素	内　容
前に踏み出す力（アクション）	主体性	物事に進んで取り組む力 例）指示を待つのではなく、自らやるべきことを見つけて積極的に取り組む。
	働きかけ力	他人に働きかけ巻き込む力 例）「やろうじゃないか」と呼びかけ、目的に向かって周囲の人々を動かしていく。
	実行力	目的を設定し確実に行動する力 例）言われたことをやるだけでなく自ら目標を設定し、失敗を恐れず行動に移し、粘り強く取り組む。
考え抜く力（シンキング）	課題発見力	現状を分析し目的や課題を明らかにする力 例）目標に向かって、自ら「ここに問題があり、解決が必要だ」と提案する。
	計画力	課題の解決に向けたプロセスを明らかにし準備する力 例）課題の解決に向けた複数のプロセスを明確にし、「その中で最善のものは何か」を検討し、それに向けた準備をする。
	創造力	新しい価値を生み出す力 例）既存の発想にとらわれず、課題に対して新しい解決方法を考える。
チームで働く力（チームワーク）	発信力	自分の意見をわかりやすく伝える力 例）自分の意見をわかりやすく整理した上で、相手に理解してもらうように的確に伝える。
	傾聴力	相手の意見を丁寧に聴く力 例）相手の話しやすい環境をつくり、適切なタイミングで質問するなど相手の意見を引き出す。
	柔軟性	意見の違いや立場の違いを理解する力 例）自分のルールややり方に固執するのではなく、相手の意見や立場を尊重し理解する。
	情況把握力	自分と周囲の人々や物事との関係性を理解する力 列）チームで仕事をするとき、自分がどのような役割を果たすべきかを理解する。
	規律性	社会のルールや人との約束を守る力 例）状況に応じて、社会のルールに則って自らの発言や行動を適切に律する。
	ストレスコントロール力	ストレスの発生源に対応する力 例）ストレスを感じることがあっても、成長の機会だとポジティブに捉えて肩の力を抜いて対応する。

2）社会人基礎力により実現されるメリット

若者	○自分の能力の特徴や適性に気付き、自らの成長を実感できる。 ○自分の強みを伸ばし、能力をアピールする土台となる。
企業	○求める人材像を社内及び社外に分かりやすく情報発信できる。 ○採用と入社後の育成の一貫した実施により、若手人材の育成や定着を促進できる。 ○グローバル競争に不可欠な「人的側面からの競争力」を高められる。
学校	○「企業が求める人材」が理解できる。 ○正課の授業やキャリア教育を通じ、より適切な教育プログラムを提供できる。
社会全体	○企業・若者・学校等の関係者をつなぐことにより、「共通言語」としての役割を果たすこととなる。 ○この結果、関係者間のコミュニケーションが促進され、採用時や就職後のミスマッチ等の社会的コストの低減につながる。

5　能力適性テストを自前でつくる：その1
「社会人基礎力」を「見える化」する

ここでは12の能力要素ごとに設問をつくり受検者に自己評価させることによって「強み」「弱み」を簡単に、短時間で「見える化」する策を教えます。

弊社で使用しているものを例に提示します。

テスト名称は「社会人基礎力テスト」とします。

能力要素ごとに、設問項目数6＋信頼度チェック項目数1とします。

信頼度チェックは、受検者が、自分を良く見せようとしているかどうかを測ります。

ただし、ストレスコントロール力のみ設問項目数12とします。

設問項目は合計すると（11能力要素×6設問）+（1能力要素×12設問）+（信頼度チェック12設問）＝90設問となります。

評価基準は設問ごと

□常にできている□大体できている□時々できていない
□できていない□考えていない

の五段階です。

正確な自己評価を得るためには、テスト実施の仕方にコツがあります。

テスト用紙を配布したのち、間髪を入れず試験官が設問項目を一気に読み上げます。被験者には即座に、直感で□に☑を入れさせます。読み上げ時間わずか15分です。☑漏れがないよう確認させたうえ、速やかに回収します。信頼度を上げるため、テスト前に「信頼度チェック項目（つねに7設問目、或いは13設問目」にある）の説明をし、信頼度の低い受検者は採否に影響があることを伝えておくことによって、正確な結果を得ることができます。信頼度の低い者は、陰ひなたのある者、自分をよく見せようとする傾向の強い者とみなすことができます。

ここに「社会人基礎力テスト」現物と受検結果例を示します。（受検者名「天城さくら」は仮名です。）能力要素ごとに得点別に5～1までランク付けし、レーダーチャートによって社会人基礎力の総合力を一覧できるように設計しています。**（図表19・20）**

結果はレーダーチャートで表示されるよう設計しています。この実施例から、なにを読み取ることができるでしょうか。この者の強みは「⑪規律性」「⑩情況把握力」「⑨柔軟性」「⑧傾聴力」の四つの力です。この四つに際立った強みを持つ者が、今の学生は、大変多いのです。ほとんどの学生といってよいのではないでしょうか。この四つの強みを持つ

図表19　社会人基礎力　準拠

実施日　****年8月20日
氏　名　天城　さくら（仮名）
年　齢　　　満　19歳

職務遂行能力測定

職業経験　■なし　□あり
※「あり」の場合：
学卒後　　　　　　年

該当する項目をチェックする

	設　問	常にできている	大体できている	時々できていない	できていない	考えていない
A1	何事にも好奇心旺盛で、興味を持って取り組むことができる	□	□	■	□	□
A2	課題解決のために、自ら積極的に、情報収集する	□	□	□	■	□
A3	課題に向けて能力を身に付け、発揮する	□	□	□	■	□
A4	正しいと信じたことはすぐ行動に移せる	□	□	■	□	□
A5	指示を待つのではなく、自ら進んで発信する	□	□	□	■	□
A6	グループの中で率先して役職に就く	□	□	□	■	□
A7	新聞の経済欄は毎日かかさず読んでいる	□	□	□	■	□
B1	自ら率先して、企画をして、それを成功に導いた経験がある	□	□	□	□	■
B2	他の人から話しかけられるよりも、自分から話しかけることが多い	□	□	□	□	■
B3	上下関係を問わず、自ら提案し、実行している	□	□	□	□	■
B4	沈黙を自らの発言によって、打開できる	□	□	□	□	■
B5	無関心だった人のやる気を引き出した経験がある	□	□	□	■	□
B6	自分のやることが、よく人に真似される	□	□	□	■	□
B7	どんな人とでも友達になることができる	□	□	□	■	□
C1	目標を決め計画し、実現させるために逆算して現在するべきことをしている	□	□	■	□	□
C2	他人の意見から視野を広げられている	□	□	■	□	□
C3	（他人の意見から視野を広げられているか）そこから取捨選択して、実行できている	□	□	□	■	□
C4	意欲や意義を持って最後まで諦めないで取り組める	□	□	■	□	□
C5	考えたことや思ったことを確実に実行している	□	□	□	■	□
C6	自分が経験したことがないことや困難なことに積極的に取り組んでいる	□	□	■	□	□
C7	人や車がいなくても赤信号ではかならず止まる	□	□	■	□	□
D1	他人の意見を聞く素直さを有している	□	□	■	□	□
D2	完璧を求める向上心を有している	□	□	□	■	□
D3	自分の立場にとらわれず、客観的な目を有している	□	□	□	■	□
D4	常識にとらわれず、広い視野を持っている	□	□	□	■	□
D5	つねに先を読んで、問題を見つけられる	□	□	□	■	□
D6	自分の置かれている環境をつねに把握している	□	□	□	■	□
D7	経済に関するテレビ番組は必ず見ている	□	□	■	□	□
E1	課題を取り組む前に、問題点は何かを明確にして取り組むことができる	□	□	□	■	□
E2	行動するにあたり先のことを考えておくことができる	□	■	□	□	□
E3	オリジナリティのあるプランを考えたことがある	□	□	■	□	□
E4	将来のことを考えて自分に先行投資をしている	□	□	□	■	□
E5	課題やレポートを期日より前に確実に作成し終えることができる	□	□	■	□	□
E6	「いつまでに」「何を」「どの程度」を意識して着手している	□	□	■	□	□
E7	どんなときでもマニュアル（手順書）はかならず守る	□	■	□	□	□
F1	（自分流）他人の意見に流されず、自分ひとりで考えることができる	□	□	■	□	□
F2	固定観念にとらわれず、新しい発想を考え出すことができる	□	□	□	■	□
F3	現状を把握し、改善策を考え出すことができる	□	□	■	□	□
F4	多くの情報を統合し、新しい価値を創り出すことができる	□	■	□	□	□
F5	不可能と思われることへのチャレンジを心がけている	□	■	□	□	□
F6	批判を恐れずに行動することができる	□	□	■	□	□
F7	自分にとって嫌いな人はいない	□	□	□	■	□
G1	現状を理解し、自分の考えを簡潔にまとめることができる	□	□	□	■	□
G2	論理的に考え、事実と意見を区別して伝えることができる	□	□	□	□	■
G3	説明すべきことを漏れなく伝えることができる	□	□	□	■	□
G4	相手の立場に立ち、わかりやすい表現ができる	□	□	□	■	□
G5	伝達方法を工夫や改善している	□	□	□	□	■
G6	相手に応じた適切な態度で接することができる	□	□	■	□	□
G7	自分の行動は全て正しいと自信をもって言える	□	□	■	□	□
H1	他人から悩みをよく相談される	□	■	□	□	□
H2	相手の本音を引き出すことができる	□	■	□	□	□
H3	自分を飾ることなく素直に対応している	□	□	■	□	□
H4	会話の矛盾点によく気づく	□	□	■	□	□
H5	議論をまとめるよう努めている	□	□	■	□	□
H6	相手の意見を否定的にとらえず、興味深く聞くことができる	□	□	■	□	□
H7	上司（先生）の指示命令は100%正しいと思っている	□	□	□	■	□
I1	TPO（時間・場所・場合）に合わせた、身だしなみ、言葉遣いができる	□	■	□	□	□

I 2	チーム一人ひとりの立場を考え、気配りしている	□	■	□	□	□
I 3	自分の固定観念にとらわれず、新しいことに取り組める	□	□	□	■	□
I 4	一旦計画したことに欠点や弱点があったら見直すことができる	□	□	■	□	□
I 5	自分の意見を押し付けず、他人の立場になって意見を述べたり、行動できる	■	□	□	□	□
I 6	苦手な人や考え方が異なる人とでも協調して仕事を進められる	□	■	□	□	□
I 7	自分が得た情報は全て隠さず人に話している	□	■	□	□	□
J 1	自分の役割を理解し、範囲内で全力を出せる	□	■	□	□	□
J 2	他人の価値観を大切に行動できる	□	■	□	□	□
J 3	第三者的立場から論理的な発言ができる	■	□	□	□	□
J 4	どんな相手ともつねに平常心を持って仕事をスムーズにこなしていくことができる	□	□	■	□	□
J 5	感情に流されず、客観的に行動できる	□	□	■	□	□
J 6	少数派であっても、自分の意見を的確に表現できる	□	□	□	■	□
J 7	どんなときでも今まで一度も嘘をついたことがない	□	□	□	□	■
K 1	一旦引き受けたことは、最後まで責任を持ってやりとげる	□	■	□	□	□
K 2	モラルを守るよう心がけて生活をしている	□	■	□	□	□
K 3	目上の人に対してしっかりと挨拶ができる	■	□	□	□	□
K 4	トラブルが発生した時に、他責（他人の責任）ではなく自責（自己責任）で考える	□	□	■	□	□
K 5	個人の高利より集団の薄利を選ぶことができる	■	□	□	□	□
K 6	優先順位を考慮して、約束ごとや期限を厳守する	□	■	□	□	□
K 7	歩行者右側通行と表示された所では、いつも必ず右側通行をする	□	■	□	□	□
L 1	何事にもポジティブ（前向き、プラス思考）な考えを持てる	□	□	□	■	□
L 2	周囲に対して常に適切な対応を心掛けている	□	□	■	□	□
L 3	ストレスがたまっていても、周りにあたることはない	□	□	□	■	□
L 4	嫌なことにも協力してチームで取り組むことができる	□	□	■	□	□
L 5	独自の方法でストレス解消ができる	□	□	□	□	■
L 6	ピリピリした場を和ませることができる	□	□	□	□	■
L 7	何事にもポジティブ（前向き、プラス思考）に受け取るよう心がけている	□	□	□	■	□
L 8	ストレスを感じても、それを解消する手段を持っている	□	□	□	■	□
L 9	何事も気兼ねなく話せる友人や友達がいる	□	□	□	■	□
L10	適度な休みを取り、メリハリのある生活を送っている	□	□	□	■	□
L11	同じ原因でストレスを感じないよう、柔軟な対応をとることができる	□	□	□	■	□
L12	苦手な人とも適切な距離で接することができる	□	□	□	■	□
L13	電車で座っているときお年寄りが立っていたら声掛けし、必ず席を譲る	□	■	□	□	□
		常にできている	大体できている	時々できていない	できていない	考えていない

採点の計算式
常にできている　4点　大体できている　3点
時々できていない　2点　できていない　1点
考えていない　0点

評価点Ⅰ　24点満点＝a
A～Kの1～6の合計
Lのみ48点÷2＝a

評価点Ⅱ
100点転換＝b←a×4.17

評価ランク
5＝評価点91～100　4＝評価点71～90
3＝評価点51～70　2＝評価点31～50
1＝評価点11～30　0＝評価点0～10

信頼度
A～Kの7及びL13の答えが
・常にできている　・大体できている
の場合　0点
・時々できていない　・できていない
・考えていない
の場合　1点

実施日　****年8月20日
氏　名　天城　さくら（仮名）

評価点Ⅱ	評価ランク
0	0
11	1
31	2
51	3
71	4
91	5

評価点Ⅰ

						計
①主体性（A1～A6）	0	0	4	4	0	8
②働きかけ力（B1～B6）	0	0	0	2	0	2
③実行力（C1～C6）	0	0	8	2	0	10
④課題発見力（D1～D6）	0	0	2	5	0	7
⑤計画力（E1～E6）	0	3	6	2	0	11
⑥創造力（F1～F6）	0	6	6	1	0	13
⑦発信力（G1～G6）	0	0	2	3	0	5
⑧傾聴力（H1～H6）	0	6	8	0	0	14
⑨柔軟性（I1～I6）	4	9	2	1	0	16
⑩情況把握力（J1～J6）	4	6	4	1	0	15
⑪規律性（K1～K6）	8	9	2	0	0	19
⑫ストレスコントロール力（L1～L12）	0	0	4	8	0	6

信頼度	0	0	3	4	1	8

評価点Ⅱ（評価点Ⅰ×4.17）　ランク

①主体性（A1～A6）	8	×4.17	＝	33	2
②働きかけ力（B1～B6）	2	×4.17	＝	8.3	0
③実行力（C1～C6）	10	×4.17	＝	42	2
④課題発見力（D1～D6）	7	×4.17	＝	29	1
⑤計画力（E1～E6）	11	×4.17	＝	46	2
⑥創造力（F1～F6）	13	×4.17	＝	54	3
⑦発信力（G1～G6）	5	×4.17	＝	21	1
⑧傾聴力（H1～H6）	14	×4.17	＝	58	3
⑨柔軟性（I1～I6）	16	×4.17	＝	67	3
⑩情況把握力（J1～J6）	15	×4.17	＝	63	3
⑪規律性（K1～K6）	19	×4.17	＝	79	4
⑫ストレスコントロール力（L1～L12）	6	×4.17	＝	25	1

図表20　社会人基礎力　準拠　職務遂行能力測定

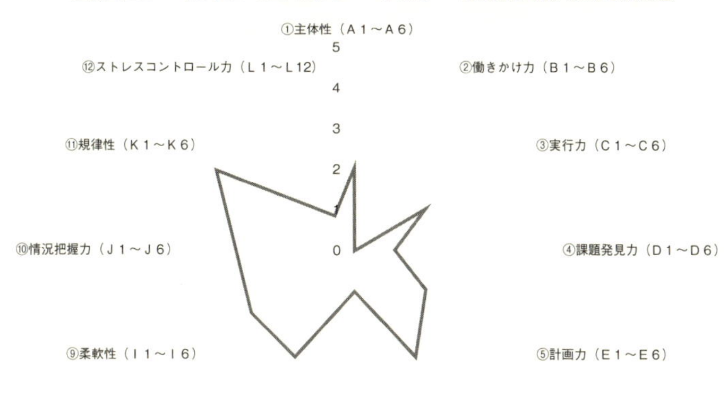

分類	能力要素	内容
前に踏み出す力（アクション）	主体性	物事に進んで取り組む力 例）指示を待つのではなく、自らやるべきことを見つけて積極的に取り組む。
	働きかけ力	他人に働きかけ巻き込む力 例）「やろうじゃないか」と呼びかけ、目的に向かって周囲の人々を動かしていく。
	実行力	目的を設定し確実に行動する力 例）言われたことをやるだけでなく自ら目標を設定し、失敗を恐れず行動に移し、粘り強く取り組む。
考え抜く力（シンキング）	課題発見力	現状を分析し目的や課題を明らかにする力 例）目標に向かって、自ら「ここに問題があり、解決が必要だ」と提案する。
	計画力	課題の解決に向けたプロセスを明らかにし準備する力 例）課題の解決に向けた複数のプロセスを明確にし、「その中で最善のものは何か」を検討し、それに向けた準備をする。
	創造力	新しい価値を生み出す力 例）既存の発想にとらわれず、課題に対して新しい解決方法を考える。
チームで働く力（チームワーク）	発信力	自分の意見をわかりやすく伝える力 例）自分の意見をわかりやすく整理した上で、相手に理解してもらうように的確に伝える。
	傾聴力	相手の意見を丁寧に聴く力 例）相手の話しやすい環境をつくり、適切なタイミングで質問するなど相手の意見を引き出す。
	柔軟性	意見の違いや立場の違いを理解する力 例）自分のルールややり方に固執するのではなく、相手の意見や立場を尊重し理解する。
	情況把握力	自分と周囲の人々や物事との関係性を理解する力 列）チームで仕事をするとき、自分がどのような役割を果たすべきかを理解する。
	規律性	社会のルールや人との約束を守る力 例）状況に応じて、社会のルールに則って自らの発言や行動を適切に律する。
	ストレスコントロール力	ストレスの発生源に対応する力 例）ストレスを感じることがあっても、成長の機会だとポジティブに捉えて肩の力を抜いて対応する。

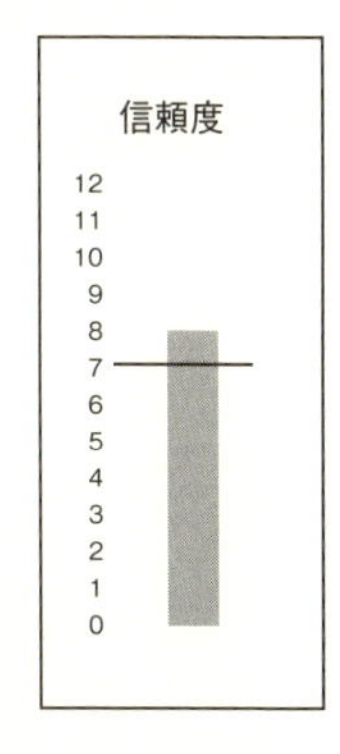

氏名　天城さくら（仮名）

コメント：12の能力要素別のうち、重点強化能力は次の8つである。①主体性②働きかけ力③実行力④課題発見力⑥創造力⑦発信力⑨柔軟性⑫ストレスコントロール力。「弱み」と自覚した能力について、あらゆる機会を活かしてこれらの能力を「強み」と変える努力を実践することによって成果を上げていく。

者は俗にいう「いわれたことはきちんとやる」が「いわれたことしかしない」「自分から動こうとしない」「自分の頭で考えようとしない」「指示をひたすら待つ」「会社の決まりや就業規則に決められていることはしっかり守る」人たちです。

プロパー正社員にこのようなタイプばかり採っていたのではその組織は早晩行き詰まります。しかしながら、選考の段階ではこのような者しかいないのが現状です。会社が欲しい者は12の能力要素のうちの次の８つです。

すなわち、①主体性②働きかけ力③実行力④課題発見力⑥創造力⑦発信力⑨柔軟性⑫ストレスコントロール力を身に付けた者です。内定者全員をプロパー正社員に相応しい社会人基礎力を有した者に等しく育て上げた上、入社式を迎えさせるか手を急ぎ打たねばなりません。

ここでよく考えていただきたいのです。10月１日の内定式から４月１日入社日まで６ヶ月間あります。この期間を有効に活用して、今の内定者教育プログラムを再編成し、会社が求める８つの力についてランク５まで力を付けさせる方策を主体にした教育に改めればよいのです。徐々に力をつけていく過程は次の通りです。

第一回目添削指導：天城さくら（仮名）10月15日
第二回目添削指導：天城さくら（仮名）12月15日
第三回目添削指導：天城さくら（仮名）１月30日
第四回目添削指導：天城さくら（仮名）３月15日 **（図表21）**

図表21　社会人基礎力　自己成長・診断表

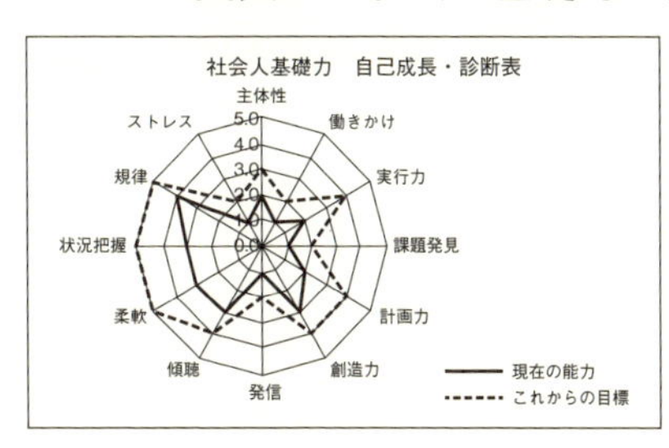

氏名　天城　さくら（仮名）

＊＊＊＊年10月15日

現状の「強み能力」の自己評価：

12の能力要素別のうち、重点強化能力は次の８つである。

①主体性②働きかけ力③実行力④課題発見力⑥創造力⑦発信力⑨柔軟性⑫ストレスコントロール力

このうち、①②④⑦⑫を「弱み」と自覚している。「強み」である⑥⑨をさらに強化し、同時に③を高める努力をしていく。

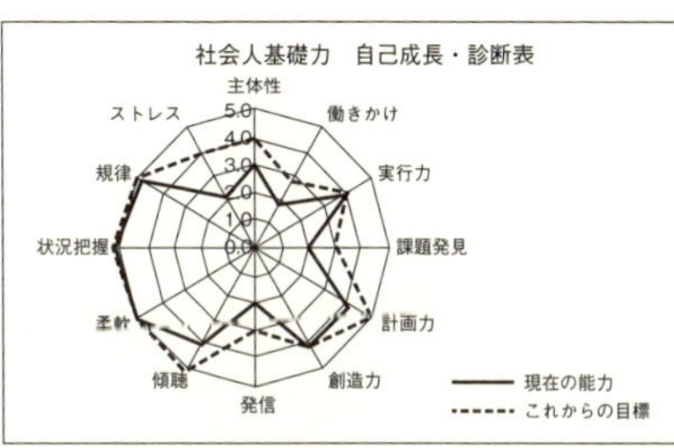

氏名：天城　さくら（仮名）

＊＊＊＊年12月15日

現状の「強み能力」の自己評価：

12の能力要素別のうち、重点強化能力は次の８つである。

①主体性②働きかけ力③実行力④課題発見力⑥創造力⑦発信力⑨柔軟性⑫ストレスコントロール力

このうち、②④⑦⑫を「弱み」と自覚している。「強み」である⑨をさらに強化し、同時に①③⑥を高める努力をしていく。

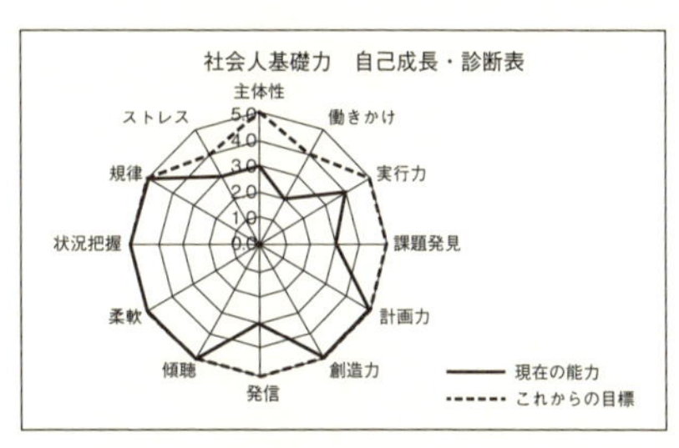

氏名：天城　さくら（仮名）

＊＊＊＊年１月30日

現状の「強み能力」の自己評価：

12の能力要素別のうち、重点強化能力は次の８つである。

①主体性②働きかけ力③実行力④課題発見力⑥創造力⑦発信力⑨柔軟性⑫ストレスコントロール力

このうち、①②④⑦⑫を「弱み」と自覚している。「強み」である⑨をさらに強化し、同時に③⑥を高める努力をしていく。

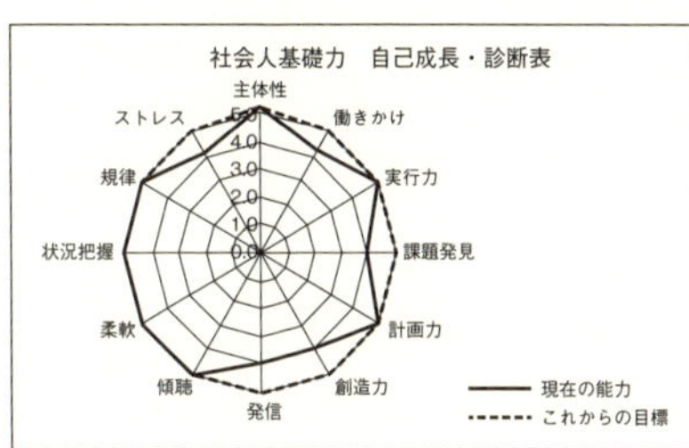

氏名　天城　さくら（仮名）

＊＊＊＊年３月15日

現状の「強み能力」の自己評価：

12の能力要素別のうち、重点強化能力は次の８つである。

①主体性②働きかけ力③実行力④課題発見力⑥創造力⑦発信力⑨柔軟性⑫ストレスコントロール力

このうち、②④⑥⑦⑫を「弱み」と自覚している。「強み」である①③⑨をさらに高める努力をしていく。

ここまで、「社会人基礎力テスト」の例を見てきました。このテストを「自前でつくる」とは、この設問項目を採用担当者がつくることに他なりません。能力要素一つひとつをひもとき、設問にしていけばよいのです。自社で創作するのですから、開発コストゼロです。内定者に考えさせ、それをまとめるという策もあります。

6　能力適性テストを自前でつくる：その2
「職業適性」を「見える化」する

職業適性を簡単に瞬時に知る策を考えてみましょう。

「働き方に対する意識」では「面白さや、やりがいを感じる仕事をしたい」が2位でした。プロパー正社員は、雇用契約上必ずしも意に反する仕事にも就かざるをえないことはすでに解説してきましたが「面白さや、やりがいを感じる仕事に付ければそれに越したことはない」のです。そうすれば「ミスマッチ」を理由とした新卒3年後離職率を下げることができます。業種や規模に応じて会社が提供できる仕事の種類には限度があります。その範囲内で提供できる仕事の種類を列記し、かたや設問項目を工夫した「職業興味検査」を自社でつくり、受検結果と職業との相性をもって選考の参考にすることがきわめて有効なのです。

「自前でつくる」とは、設問項目を採用担当者がつくることに他なりません。自社で創作するのですから開発コストはゼロです。ここに職業適性を短時間で「見える化」する策を解説します。

テスト名称は「職業適性テスト」とします。設問数は132、設問ごとに「当てはまる場合は2点、当てはまらない場合0点、どちらともいえない場合は1点（ただし、結果をはっきり求めたいので、できるだけ1点の記入はナシとする)。回答用紙の白抜きの部分に数字を記入させます。

正確な自己評価を得るためのコツは、記入させる時間にあります。テスト用紙を配布したのち、間髪を入れず試験官が設問項目を一気に読み上げ即座に、直感で２か１か０を白抜き部分に記入させます。読み上げ時間わずか20分です。漏れがないよう確認させたうえ、速やかに回収します。**(図表22～26)**

●「職業適性テスト」結果の読み方

まず「若年者版／設問」を読んでください。奇数の設問と偶数の設問に大きな違いがあることが分かります。

奇数の設問（Ａ群の設問）では「興味がある、面白そう、関心がある」の強さ／高さを質問しています。

また、偶数の設問（Ｂ群の設問）では「やったら何とかなるかな、できるかも知れない」という可能性の強さ／高さを質問しています。

このことから、点線折れ線グラフの凸凹で表されているＡの得点の高い職業（Ａ～Ｋまでの11職群）のうちで、直線折れ線グラフの凸凹で表されているＡ＋Ｂの得点の高い職業（Ａ～Ｋまでの職群）に注目し、この差の大きなもの（職群）から順にその職業群についていくと成功する確率が高いということができます。

「自前でつくる」にあたっては＜職業傾向＞Ａ～Ｋまでの

11職種について例を参考に、具体例に自社の仕事をできるだけ詳細に分類し、つくり直すことによってより自社の現状に合致したテストに仕上げることができます。

図表22　職業興味チェックリスト　若年者版

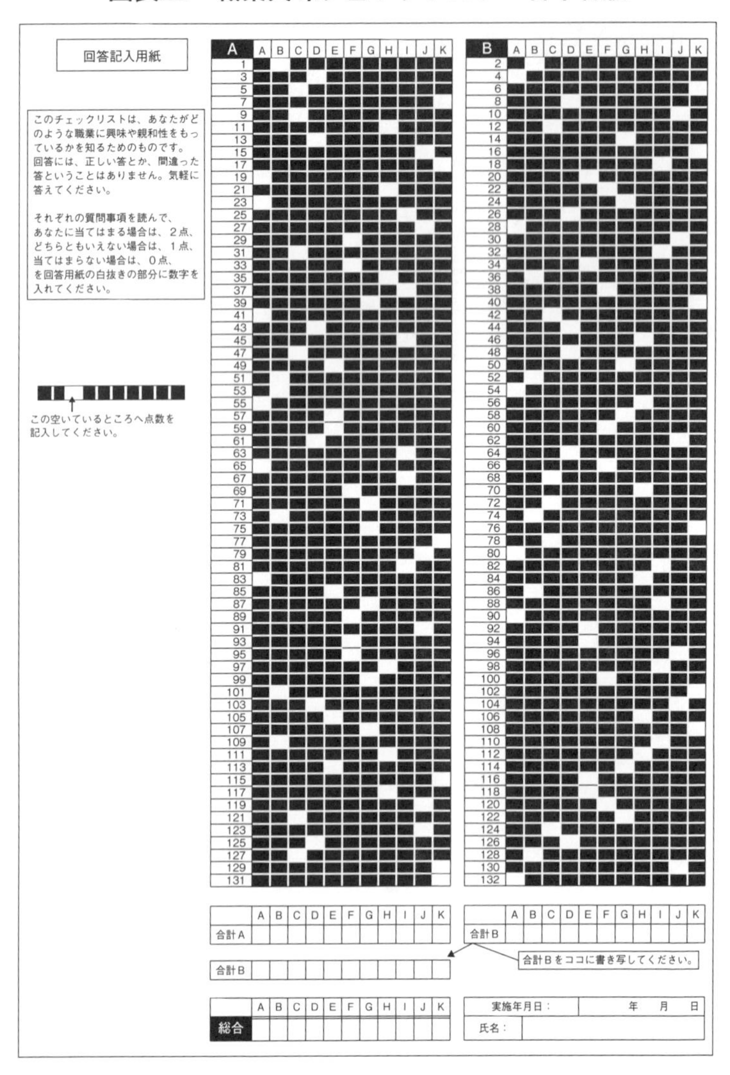

回答記入用紙

このチェックリストは、あなたがどのような職業に興味や親和性をもっているかを知るためのものです。
回答には、正しい答とか、間違った答ということはありません。気軽に答えてください。

それぞれの質問事項を読んで、
あなたに当てはまる場合は、２点、
どちらともいえない場合は、１点、
当てはまらない場合は、０点、
を回答用紙の白抜きの部分に数字を入れてください。

この空いているところへ点数を記入してください。

A	B
1	2
3	4
5	6
7	8
9	10
11	12
13	14
15	16
17	18
19	20
21	22
23	24
25	26
27	28
29	30
31	32
33	34
35	36
37	38
39	40
41	42
43	44
45	46
47	48
49	50
51	52
53	54
55	56
57	58
59	60
61	62
63	64
65	66
67	68
69	70
71	72
73	74
75	76
77	78
79	80
81	82
83	84
85	86
87	88
89	90
91	92
93	94
95	96
97	98
99	100
101	102
103	104
105	106
107	108
109	110
111	112
113	114
115	116
117	118
119	120
121	122
123	124
125	126
127	128
129	130
131	132

Each grid has columns A B C D E F G H I J K.

	A	B	C	D	E	F	G	H	I	J	K
合計A											
合計B											
総合											

	A	B	C	D	E	F	G	H	I	J	K
合計B											

合計Bをココに書き写してください。

実施年月日：	年　月　日
氏名：	

図表23　若年者版／設問【若年者版】職業興味チェックリスト

No.	設問
1	人と直接触れ合える仕事がしたい
2	気配り上手なほうだと思う
3	情報に敏感である
4	細かい作業が好きだ
5	結果や内容で評価される職場で働きたい
6	電気器具がこわれたら自分で修理してみる
7	物をつくる仕事がしたい
8	将来実現してみたいアイデアがある
9	できるものなら出世したい
10	感性が豊かである
11	小説を読むのが好きだ
12	人をまとめることができる
13	企画を立てる仕事に興味がある
14	ひとつのことをやり遂げるタイプだ
15	部屋や机の上などを少しでもオシャレにしようと工夫する方だ
16	細かい作業が得意だ
17	手先が器用だ
18	作曲をしたことがある
19	机や部屋が散らかっていると落ち着かない
20	自分に自信がある
21	話すより手紙やメールの方が思っていることをうまく表現できる
22	口が堅い
23	きっちりしているとよくいわれる
24	大学院まで進学したいと思う
25	有名になりたい
26	売れそうな商品を予測することができる
27	美術館にいくことが好きだ
28	数学が得意である
29	人の相談に乗る仕事がしたい
30	センスがいいとよくいわれる
31	常に現状を改善していこうと思う
32	ストレスに強いほうだ
33	人の気持ちになって考えることができる
34	好きな仕事であれば長い時間働いても苦にならないと思う
35	詩を書くことが好きだ
36	感情を顔に出さずにやりすごすことができる
37	映画を見ることが好きだ
38	人とじっくり話をすることが好きだ
39	わからない問題があると解けるまで考える方だ
40	体力には自信がある
41	板書はきっちり書き写すほうだ
42	相手と相談したうえで物事を決めることができる
43	デザインの仕事に興味がある
44	直感で決めることが多い
45	時間が不規則な仕事でもかまわない
46	得意な外国語がある
47	自分の会社をつくりたい
48	今までにない新しいアイデアを考えることができる
49	我慢強い方だ
50	物事を分析する能力には自信がある
51	人に感謝されるとはりきる方だ
52	どちらかといえば冷静だと思う
53	たくさんの人の役に立ちたい
54	委員をするなら書記や会計を担当したい
55	裏方作業が向いていると思う
56	小論文は得意だ
57	勉強することは嫌いじゃない
58	記憶力に自信がある
59	小さくても自分の事務所や会社を持ちたい
60	後輩を指導することが得意である
61	目立つことは嫌いではない
62	絵の展示会で賞をもらったことがある
63	音楽鑑賞が好きだ
64	マスコミ関係の仕事に興味がある
65	几帳面である
66	自分と違う意見でも受け入れることができる
67	歌手になりたいと思ったことがある
68	グループ作業のときはしきる方だ
69	人から相談をもちかけられることが多い
70	物事の裏側や人の本音を見抜こうとするほうだ
71	肩書きにはこだわらない
72	人を説得することがうまいと思う
73	接客業に興味がある
74	トラブルがあっても冷静に処理することができる
75	締切に追われる仕事よりじっくり時間をかけられる仕事がしたい
76	機械の操作が得意である
77	机に向かって仕事をするより外に出る仕事がしたい
78	販売が得意である
79	日ごろからよく写真を撮っている
80	計算が得意である
81	自信をもって演奏できる楽器がある
82	自分の思っていることを表現したいと思う
83	事務職に興味がある
84	国語の成績はよいほうだ
85	専門能力を身に付けたい
86	休日や夜間に働く仕事であっても構わない
87	好きな芸能人や趣味など興味のあることはとことん調べる
88	音楽の成績はよいほうだ
89	人に教えることが好きだ
90	パソコンが得意である
91	ファッション雑誌を読むことが好きだ
92	向上心が旺盛である
93	学校の先生になりたいと思ったことがある
94	相談できる人が周りにたくさんいる
95	人にアドバイスをするのが好きである
96	興味をひくものが見つけたらすぐ写真を撮る
97	人の話を聞くことが好きだ
98	ドラマや本で感動して泣いてしまうことが多い
99	仕事はスピードより内容が大切であると思う
100	人の話をじっくり聞くことができる
101	多くの人とかかわる仕事がしたい
102	工具の扱いには自信がある
103	流行には敏感である
104	ヘアスタイルやファッションなどをよく人にまねされる
105	自分はまじめすぎるところがあると思う
106	友人とメールでやりとりすることが多い
107	できれば人に尊敬されたい
108	頭を使う仕事より体力のいる仕事がしたい
109	チームワークには自信がある
110	個性的だといわれる
111	ニュースや新聞はかかさずチェックしている
112	わからない言葉は辞書で調べることが多い
113	資格を取るために勉強したい
114	理数系の科目が得意である
115	機械を扱う仕事に関心がある
116	責任感が強い
117	将来は本を書いてみたい
118	努力家であると思う
119	イラストを書くことが好きだ
120	ボランティア活動に参加したことがある
121	リーダーや委員長などによく選ばれる
122	不思議だと思ったことを調べていくことは楽しい
123	部屋や服装などで自分らしさを表現したいと思う
124	大勢の人の前でもあまり緊張しない
125	常に最近の情報はチェックしている
126	企画力には自信がある
127	人の先頭に立つことが好きだ
128	第一印象がよいと言われることが多い
129	自分の作品をつくるような仕事がしたい
130	美術やイラスト、マンガの部かサークルに入っていたことがある
131	手に職をつけたい
132	文字表現が得意だ

図表24　職業興味チェックリスト　結果記録用紙　若年者版

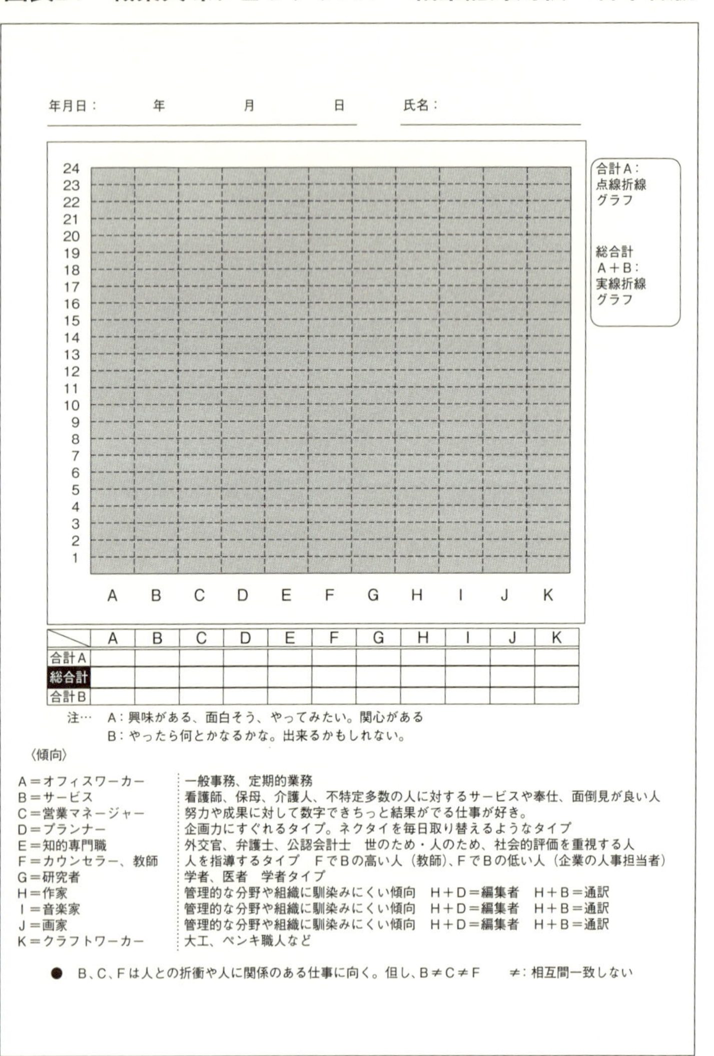

年月日：　　　　年　　　　月　　　　日　　　　氏名：

	A	B	C	D	E	F	G	H	I	J	K
合計A											
総合計											
合計B											

注…　A：興味がある、面白そう、やってみたい。関心がある
　　　B：やったら何とかなるかな。出来るかもしれない。

〈傾向〉

A＝オフィスワーカー	一般事務、定期的業務
B＝サービス	看護師、保母、介護人、不特定多数の人に対するサービスや奉仕、面倒見が良い人
C＝営業マネージャー	努力や成果に対して数字できちっと結果がでる仕事が好き。
D＝プランナー	企画力にすぐれるタイプ。ネクタイを毎日取り替えるようなタイプ
E＝知的専門職	外交官、弁護士、公認会計士　世のため・人のため、社会的評価を重視する人
F＝カウンセラー、教師	人を指導するタイプ　FでBの高い人（教師）、FでBの低い人（企業の人事担当者）
G＝研究者	学者、医者　学者タイプ
H＝作家	管理的な分野や組織に馴染みにくい傾向　H＋D＝編集者　H＋B＝通訳
I＝音楽家	管理的な分野や組織に馴染みにくい傾向　H＋D＝編集者　H＋B＝通訳
J＝画家	管理的な分野や組織に馴染みにくい傾向　H＋D＝編集者　H＋B＝通訳
K＝クラフトワーカー	大工、ペンキ職人など

● B、C、Fは人との折衝や人に関係のある仕事に向く。但し、B≠C≠F　　≠：相互間一致しない

図表25　職業興味チェックリスト結果記録用紙

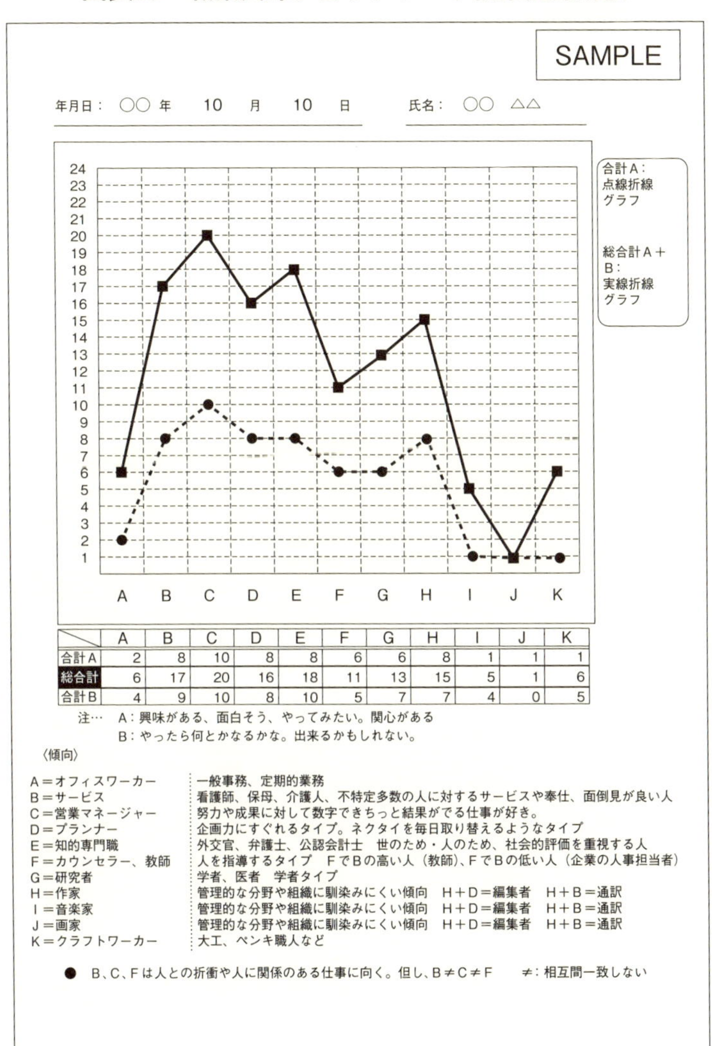

SAMPLE

年月日：○○ 年　10　月　10　日　　氏名：○○　△△

	A	B	C	D	E	F	G	H	I	J	K
合計A	2	8	10	8	8	6	6	8	1	1	1
総合計	6	17	20	16	18	11	13	15	5	1	6
合計B	4	9	10	8	10	5	7	7	4	0	5

注…　A：興味がある、面白そう、やってみたい。関心がある
　　　B：やったら何とかなるかな。出来るかもしれない。

〈傾向〉

A＝オフィスワーカー	一般事務、定期的業務
B＝サービス	看護師、保母、介護人、不特定多数の人に対するサービスや奉仕、面倒見が良い人
C＝営業マネージャー	努力や成果に対して数字できちっと結果がでる仕事が好き。
D＝プランナー	企画力にすぐれるタイプ。ネクタイを毎日取り替えるようなタイプ
E＝知的専門職	外交官、弁護士、公認会計士　世のため・人のため、社会的評価を重視する人
F＝カウンセラー、教師	人を指導するタイプ　FでBの高い人（教師）、FでBの低い人（企業の人事担当者）
G＝研究者	学者、医者　学者タイプ
H＝作家	管理的な分野や組織に馴染みにくい傾向　H＋D＝編集者　H＋B＝通訳
I＝音楽家	管理的な分野や組織に馴染みにくい傾向　H＋D＝編集者　H＋B＝通訳
J＝画家	管理的な分野や組織に馴染みにくい傾向　H＋D＝編集者　H＋B＝通訳
K＝クラフトワーカー	大工、ペンキ職人など

● B、C、Fは人との折衝や人に関係のある仕事に向く。但し、B≠C≠F　　≠：相互間一致しない

図表26　職業傾向

	代表例	具　体　例
A	オフィスワーカー	総務事務、企画・調査事務、受付・案内事務、秘書、一般事務、金銭出納、決算、保険事務、予算編成、物流・運行管理事務、人事関係事務（人事計画・採用、人事考課・昇進・配置　補助)、福利厚生事務(就業管理、安全衛生、福利厚生)、キーパンチャー、OA機器オペレーター、タイピスト
B	サービス	客室乗務員、観光ガイド・添乗員、接客関連、旅客運転手、車掌、駐車場管理人、配送運転手、宅配便、航空機パイロット、庭師、園芸師、調教師、獣医、自然保護管理者、コック・調理師、バーテンダー、洋服仕立て屋、クリーニング、レントゲン技師、臨床審査技師、歯科医、眼科医、医師、薬剤師、栄養士、看護師、整体師、鍼灸師、保健師、助産師、社会福祉士、介護福祉士、福祉相談指導専門員、保育士、家政婦、家事手伝い、ホームヘルパー、公務員、消費調査担当者、消費生活相談員、余暇指導員、警察官、ガードマン、消防士、飲食店員、芸者、娯楽場の接客員、旅館主・支配人、ホスト・ホステス、理容師・美容師、着付師、エステシャン、育児ベビーシッター、寮管理人、人材派遣・人材紹介コーディネーター、採用代行、葬祭コーディネーター、結婚紹介業
C	営業マネージャー	セールスマン、訪問販売員、保険・銀行外交員、店員、実演販売、競売担当、販売促進、スーパーマーケット、ファーストフード、量販店、ディスカウントショップ店長、ディーラー、消費者相談窓口、ファッションモデル、インストラクター、市場調査、広告調査、受注・発注担当、不動産仲介・売買人、保険募集員、有価証券売買仲介人・金融仲介人、質屋店主・店員、サービス外交員
D	プランナー	キャリア・コンサルタント、プロフェッショナル・キャリア・カウンセラー、経営者、役員、企画管理、商品企画、新商品・新事業開発、マーケティング、社内広報、パブリシティー、広報計画、システムエンジニア、設計・デザイン、コンピュータープログラマー、広告プランナー、能力開発、人材開発
E	知的専門職	議会議員、中央官庁、地方公務員、政党役員、裁判官、検察官、弁護士、弁理士、司法書士、行政書士、土地家屋調査士、不動産鑑定士、図書館事務・司書、医療事務、速記者、公認会計士、税理士、社会保険労務士、中小企業診断士、金融・財務アナリスト、気象予報士
F	カウンセラー・教師	カウンセラー（アドバイザー、ファシリテーター、学生カウンセラー、職場カウンセラー、職業指導員)、幼・小・中・高教師、大学の教職員、各種学校の先生、アスレチック指導員、コーチ・トレーナー、ビジネススクールの先生、個人教師（進学塾教師、茶道、生花、書道、囲碁、音楽、舞踏、スポーツ)、心理相談員
G	研究者	自然科学研究者（理学、数学、物理学、化学生物学、工学、統計学)、人文科学研究者（哲学、史学、文学、美術、心理学、教育学)、社会科学研究者（社会学、法学、政治学、経済学、商学、経営学)、オペレーションリサーチの専門家、数学研究者、保険数理士、マーケットアナリスト、エコノミスト、政治・歴史・民俗学研究員
H	作家	文芸作家、脚本家、評論家、翻訳家、作曲・作詞家、シナリオライター、コピーライター、編集者、テクニカルライター、コラムニスト、文芸評論家、翻訳業務、記者・取材者、レポーター、通訳
I	音楽家	歌手、タレント、俳優、ダンサー、ミュージシャン、舞台芸術家、プロデューサー、演出家、興行主、演劇公演
J	画家	彫刻家、画家、書家、工芸美術家、写真家、ファッションデザイナー、ファッションコーディネーター、インテリアデザイナー、インテリアコーディネーター、室内装飾家、建築家、イラストレーター、漫画家
K	クラフトワーカー	大工、ペンキ職人、左官、とび職人、板金・塗装工、ブロック積工、タイル張工、屋根ふき工、畳工、配管工、自動車整備士、パン焼き職人、室内装飾工、靴職人、錠前屋、時計修理工、貴金属・宝石細工者、木工細工職人、家電製品修理、電話・通信機器施工・修理、産業機械修理、旋盤工, 溶接工、鉄筋工、組立工、機械工学技術者、製図工

第10章

内定者教育によって意識の高い即戦力のプロパー正社員をつくる

1　三次選考・四次選考において意識改革の高揚と持続を図る

学生にとっては、グループディスカッション選考によって「働く目的」は「創業の理念／会社の目的」に心から共鳴して、先輩社員と一緒に創業理念をさらに追求することが自身の使命と認識しました。

「やりたくない仕事を命じられたらどうするか」については、プロパー正社員は雇用が43年間保証される反面、どんな仕事にも就き、どこにも行くことが就業条件であることをよく理解できました。「部下はリーダーの背中を見て育つ」こともよく分かりました。ほどなくリーダーになる者は日常から言動に注意しなければならいことも了解しました。不平不満は「不合理な考え方」から生ずることが多く、思い込みからの解放は「・・・であるに越したことはない」と考えることが有効にして、ストレスから逃れる術（すべ）ということには、なるほどと思えるようになりました。

グループディスカッションにおける意識改革を要約すると以上となります。

この意識改革は☑OK＋☑OKランク以下☑繰越＋☑補欠のレベルの応募者まで、よく理解してくれます。講評が進むにつれ、目をランランと輝かせ、熱心に聞き入ってきます。働く目的を知り、自身の使命を知り、不合理な考え方から解放された者が、組織ではリーダーになります。僅か2時間のグループディスカッションで組織における自身の立ち位置が分かる者は、直感力、判断力、実行力に優れた人材となります。内々定者を大勢囲い込んだとしても、内々定通知の交付と同時に期日を決めて「確約書⇒内定を請けるという趣旨」の提出を求めますが、提出される確率は50%程度が最近の傾向です。

したがって、グループディスカッションからは、できるだけ大勢を三次選考へ送り込まなければなりません。合格枠は本来☑OK＋☑OKランクに絞りたいところですが、このような諸般の事情により枠を相当拡げるため、☑OK＋☑OKランク以下☑繰越＋☑補欠のレベルの者をグループディスカッション選考の合格者とします。三次選考、四次選考（最終面接）とも選考基準をかなり柔軟に運用し、多くの者に内々定通知を交付することになるでしょう。質的レベルにおいてバラつきの多い内々定者集団ができあがってしまうのは、やむを得ません。ですから、三次選考、四次選考の面接官は、玉石混交となった合格者グループに対して、通り一遍の質問ではなく、プロパー正社員の使命と責務について再度関心を喚起する質問に絞るべきです。採用担当者は、よく調整と人材育成の任を果たさなくてはなりません。

2　志望動機の書き方指導は採用担当者の責務

最近は、説明会出席時にエントリーシート（ES）提出を義務付けると、出席率が急減するので、ESナシでの出席を認める会社が多いのが現状です。一次選考は会社説明会のあと、同日行われることが多いので、したがって、ESは、二次選考（グループディスカッション）参加時に提出させることが多くなります。

ESには必ず「志望動機」記入欄が設けられています。

「思っただけではしたことにならない、話しただけではしたことにならない、したことだけがしたことになる」といわれますが「したこと」に代えて、グループディスカッション合格者に対しては、提出されたESに記載された「志望動機」によっては、次のようなアドバイスをして加筆、修正させることが望ましいです。一旦提出したESは書き直してはいけないものではありません。精神的成長、物事に対する見方、考え方が変わったのであれば最終判定までの間は、何度書き直して、提出しなおしても差し支えないのです。

「志望動機」は次の五項目について、順序良く記述されていなければなりません。

①この業界に興味関心を持った理由（保護者＜父母＞、保護

者の知人（社会人先輩）、先生、OB/OGなどから）

②貴社の経営戦略（マーケット差別化・細分化戦略、ブルーオーシャン戦略など）

③同業他社との比較（事業展開の先見性、社会貢献大、インフラ事業・・・）

④創業の理念、会社の目的に共鳴

⑤人を大事にする、長期に渡って自分を育成する考え方

〆の言葉：貴社の事業こそ「自分が一生かけてやりたい仕事」と確信、どうぞ仲間へ入れてください。

五つをモレなく簡潔にツボを押さえて記述することによって、面接官に「これぞ待っていた人材」と思わしめることができるのです。応募者自身も自信をもって堂々と志望理由を述べられます。単に選考のための選考ではありません。選考の場を借りて人材育成をするとはこういうことなのです。「志望動機」について、アドバイスをしていないとすれば、応募者を仲間として迎え入れる気持ちがなく、選考の過程をたんなる通り一遍の事務処理と誤解して仕事をしていると見られてもしかたがないでしょう。三次選考、四次選考において「志望動機」は締めくくりとして応募者に等しく質問しましょう。このとき、理路整然と情熱をもって語られるこの〆の言葉を聞きたいものです。

3　均一なレベルに揃えるための内定者教育

内定対象に☑ OK ＋☑ OK ランク以下☑繰越＋☑補欠まで合格レベルを上下に拡大することによって玉石混交の内定者集団ができあがります。入社式までは6ヶ月間あります。なにをもって玉石混交といえるのでしょうか。ここでグループディスカッション評価表③姿勢において11項目について細かく評価したうえ、姿勢総合評価の判定としているのを振り返ってみましょう。

☑ OK：かなり多い　　大変よく分かる
又は　かなり多い　よく分かる　の組み合わせ（以下同じ）
姿勢総合評価：管理職見込み　リーダー見込み

☑繰越：多い　　よく分かる
又は　多い　　分かる　の組み合わせ（以下同じ）
姿勢総合評価：一般職止まり

☑補欠：適当　　分かる
又は　適当　　やや分かりづらい　の組み合わせ（以下同じ）
姿勢総合評価：作業員レベル

③姿勢（心のありさま）

・発言回数は　〈かなり多い　多い　適当　やや少ない　少ない　第一声のみ〉

・発言内容は　〈大変よく分かる　よく分かる　分かる　やや分かりづらい　ほとんど雑談風〉

・テーマ理解度〈よく理解　理解　普通　的外れ　興味関心なし〉

・共感性は　〈建設的参画　まとめる意欲示す　理解を示す程度　持論に固執　興味示さず〉

・取組む情熱は〈目がキラキラ輝く　メンバー全員に目／気配り　自論はしっかり　支離滅裂　沈黙が多い〉

・態度に現れる情熱〈身を乗り出して参画　相槌適確　にこやか　ムラがある　無表情〉

・思いやり　〈メンバーへの配慮抜群　親切心が分かる　おだやか　ゆとりナシ　自分の世界〉

・総意形成へ　〈率先垂範　リーダー補佐タイプ　個人の範囲　ついてゆけず　脱落〉

・言動から　〈人の上に立つ　補佐役タイプ　スタッフ向き　求心力ナシ　その他大勢〉

・粘りは　〈人一倍最後まで頑張る　最後まで頑張る　そこそこ　あなた任せ　投げてしまっている〉

・メモ取りは　〔短時間要点的確　短時間的確　的確　メモ取り専念　メモ取りせず発言せず〕

・姿勢総合評価〔臨機応変度／融通度（直観力・判断力・実行力）〕

・管理職見込み〔リーダー見込み　一般職止まり　作業員レベル　使えない〕

採否総合判定　☑OK　一次面接へ上げる　管理職見込み／リーダー見込み　判定された者のみ

☑繰越　歩留まりをみて判断　一般職止まり

☑補欠　できるだけ避けたい　作業員レベル

□不合格　使えない

内定者集団は、管理職見込み／リーダー見込み　⇒　一般職止まり　⇒　作業員レベル　という玉石混交集団となってしまっています。

この現状から、内定者全員を「管理職見込み／リーダー見込み」に育成するのが６ヶ月間に渡る「内定者教育」の目的となります。既に「管理職見込み／リーダー見込み」となっている者には、さらなる能力伸長を図るチャンスを与えます。

4　内定者教育のカリキュラムを考える

この内定者教育を「新卒採用予定者・即戦力化のための＜実践的内定者教育＞」と設定します。今、実施されている内定者教育については、マナー研修を主とされているところが多いでしょう。以下４つの視点から点検してみることをお勧めします。

□研修成果は投資（時間とコスト）に見合う利益に結実していますか。
□人材育成はOJTとOFFJTを適切に組み合わせ実施することによって実績を上げていますか。
□研修は従来からの踏襲で、見直しなく競合や隣の会社と同じ研修をしていませんか。
□研修の真の目的、人材育成の真の狙いは何でしょうか。

人材育成の原点は「社会人基礎力」12の能力要素を自己評価させ「強み」「弱み」を認識させ、自己開発によって、自己責任において能力向上を図らせることにあります。組織力強化には正社員の職務遂行能力を最大限発揮させることが必須です。すべての職務遂行能力は「社会人基礎力12の能力要素」から構成されています。利益創出力を極大化するノウハウ・スキルを正社員に身に付けさせることが人材育成の狙いです。

この第一歩は内定者教育から始めます。「新卒採用予定者・即戦力化のための＜実践的内定者教育＞」は、入社日においてプロパー新入社員全員が12の能力要素のすべてにおいてランク５に到達するよう、「社会人基礎力テスト」の結果と目標の組み合わせを添削指導するという方法によって行います。

内定者は２ヶ月ごとに自主的に「社会人基礎力テスト」を受検します。12の能力要素のランクをレーダーチャート化することによって「強み」「弱み」が認識できます。「強み」をさらに強め、強みの能力要素については人には誰にも負けないレベルまで到達させる具体策を考え、即実行します。「弱み」は当面の人並みレベルまで、その後、入社日まではランク５まで到達する具体策を考え、即実行します。具体策とは「社会人基礎力　能力要素　自己診断結果にもとづく能力開発計画」を策定することを意味します。ここに記入例を紹介します。**（図表27・28）**

「社会人基礎力　能力要素　自己診断結果にもとづく能力開発計画」を添削指導することによってランク５超、或いはランク５まで到達させることが内定者教育の目標です。６ヶ月間に添削指導３回、集合教育３回のシラバス案を次に示します。**（図表29）**

図表27　社会人基礎力　能力要素
自己診断結果にもとづく能力開発計画

※「強み」能力要素診断点上位５位　■重点強化８能力

順位	能力要素	他人より優れると自覚する当該能力の具体的特徴	これからさらに当該能力を向上させる具体策	目標到達年／レベル
1	⑪規律性 評価ランク：5 100点換算：100	状況に応じて、規則やルールに従って、自らの発言や行動を適切にすることとは一応できているつもりだが、「つねにできているか？」と自問自答してみると若干自信がない。責任感も強いほうだと思うが、自分の責任を果たすことを重視すると、期限を厳守する意識が足りなくなっていることに気づかされた。「大体できている」という程度で、できているつもりになっていただけではなかったかと反省している。	「大体できている」を「つねにできている」と答えられるようになりたい。そのためには日ごろの行動を、「何となく」ではなく、結果がどうなるかということを頭において行動する習慣を身につけたい。目上の人に対し、しっかり挨拶できるものと意識して実行してきたからつねにできるようになったので、同様に「何となく」をやめる意識を持ち続ける。本当に自身の「強み」なのか、他人と比べてどのレベルなのかをつねに検証してこの「強み」を補強していきたい。	3ヶ月先 5超
2	⑨柔軟性 評価ランク：5 100点換算：91.74	グループ作業では、自分のルールややり方に固執するのではなく、相手の意見や立場を尊重し理解した上で協力しながら一つのことをやり遂げてきた経験があるが、その過程で自身の考えを相手に十分理解してもらう努力を払ってきたか否かについては十分とはいえない。集団の中で、柔軟性と自主性、主体性をどのようにバランスさせるかが自身のこれからの課題と考えている。	自身の考えややり方は大事にしたいが、作業は一人で完結するものではない。大勢の人たちの協力があってこそものごとは成就するということをよく認識し、チーム一人ひとりの立場を考え、気配りしながら、協働作業に取り組んでいきたい。一人の満足感よりもすべてのチームメンバーが共有する充実感のほうがはるかに感激も大きく、達成した成果も素晴らしいものであることを信じて努力していきたい。本当に自身の「強み」なのか、他人と比べてどのレベルなのかをつねに検証してこの「強み」を補強していきたい。	3ヶ月先 5超
3	⑩情況把握力 評価ランク：5 100点換算：91.24	チームで仕事をするとき、自分がどのような役割を果たすべきかを自身でよく認識した上で協働している。しかし、よく考えてみると自身の役割は独りよがり的なものではなかったかと反省している。自身の役割についてチームメンバーからとくに異論を聞いていないのでそれで良しとしてきたが、本当にそれで良いのか、もっと周囲の人との協力関係に留意すればより付加価値の高い仕事ができると考えている。	他人の価値観を大切にする。少数派であっても自分の意見を的確に表現する。第三者的な立場から論理的にものごとを考え発言する。感情に流されず客観的に行動する。どんな相手ともつねに平常心をもって接する。これらのことに留意した上で、チームで仕事をするとき、自分がどのような役割を果たすべきか十分認識し、つねに全力投球できる環境と態勢をつくっていきたいと思う。本当に自身の「強み」なのか、他人と比べてどのレベルなのかをつねに検証してこの「強み」を補強していきたい。	3ヶ月先 5超
4	⑧傾聴力 評価ランク：4 100点換算：83.40	日頃より、聞く（音や声を耳で感じる）、聴く（相手の意見を丁寧に聞く⇒傾聴）、訊く（尋ねる）の違いをよく認識しており、状況に応じて使いわけできる力を持っている。相手を理解するには傾聴スキルが必須でありこの効用についてはすでにこれまでも十分認識してきた。他人からよく悩みを相談されることも多く、この場合は自分を飾ることなく率直に対応している。傾聴力には自信を持っている。	傾聴力をさらに向上させるために、相手の話しやすい環境をつくり、適切なタイミングで質問するなど相手の意見を引き出す技を磨く。相手の意見を否定的にとらえず、興味深く聞く姿勢を堅持する。相手の本音や真因を素早くつかむコツを修得するなどを実行していく。傾聴力はコミュニケーションの基本であり、傾聴力強化によってチームワークを円滑化し、大きな成果が上がるようこの能力を活かしていきたい。本当に自身の「強み」なのか、他人と比べてどのレベルなのかをつねに検証してこの「強み」を補強していきたい。	3ヶ月先 5
5	⑤計画力 評価ランク：4 100点換算：83.40	課題を前にして、解決に向けた複数のプロセスを明確にし、「その中で最善のものは何か」を検討し、それに向けた準備をする習慣を身につけている。最適案の選択にあたり、自分のこれまでの成功体験をもとに決めてきたことに気付かされた。視野を広く持ち、第三者の意見も参考にすれば、さらによい案を思いつく可能性も出てくる。課題の真の目的を正確に把握する力、調達しうるリソースの量と質の評価能力向上が必要と考える。	課題解決のプロセスは、つねにオリジナリティのあるプランでありたい。それには、広く英知を結集する必要がある。最適案を決めるにあたり、選択評価できる眼を持つことが要求される。さらに、「いつまでに」「何を」「どの程度」「どのように」「いくらで」を明確にし、着手後の進捗管理スキルを向上させなければならない。そのためには、自分に先行投資が必要である。本当に自身の「強み」なのか、他人と比べてどのレベルなのかをつねに検証してこの「強み」を補強していきたい。	3ヶ月先 5

図表28 「弱み」能力要素診断点下位５位

■は重点強化８能力 ①主体性／②働きかけ／③実行力／④課題発見力／⑥創造力／⑦発信力／⑨柔軟性／⑫ストレスコントロール力

順位	能力要素	他人より低いと自覚する当該能力の具体的特徴	他人と同レベルまで当該能力を向上させる具体策	目標到達年／レベル
1	■ ②働きかけ力 評価ランク：2 100点換算：37.53	以前からやる気のある人のうしろから付いていくタイプなので、「働きかけ力」は弱いと自覚している。自分から話しかけるよりも、他の人から話しかけられることのほうが多い。現状打破の気概が薄いと判断できる。中学生時代には、学校の行事で自ら率先して、企画をして、それを成功に導いた経験があので、今の環境を変えることができると考えている。	中学生時代、学校の行事で自ら率先して企画をして成功に導いた経験がある。その体験を思い出し、要因を知識・経験・スキル・態度・姿勢（心の有り様）に分類しこの体験を今の環境で再現することによって自信を深めるよう自己改革する。テーマ選定が当面の課題。人頼みは楽ではあるが、長い目で見ると自身の力は伸長せず損をする。現実を見つめ、将来を俯瞰して今何をなすべきか、自分に厳しく臨みたい。自身で考える「弱み」は本当に弱みか、弱みは強みでなはないのか、「強み」に代える策はないのか真剣に考えていきたい。	3ヶ月先 4
2	■ ④課題発見力 評価ランク：2 100点換算：37.53	すべて与えられた環境に安住してしまい、現状を分析し目的や課題を明らかにする力や目標に向かって、自ら「ここに問題があり、解決が必要だ」を提案する意欲が弱い自分に気づかされた。与えられた環境はやがて変化する、無くなる、これに対応できる自分であるかが問われている。自分の置かれている環境をつねに把握し、先を読んで、問題を見つけ、改善や改革意欲をもってものごとをとらえる挑戦的、前向きな気持ちが必要と思う。	環境は時間の経過と共に変化する、さらに社会経済環境は自身の存在とはまったく関係なしに急速に変化している。現状に安住することなく、現状はすべて変化することを前提として自身の課題を考えればこうしてはいられないことに気づく。気持だけでなく、現状を分析し目的や課題を明らかにする力を強化すると共に、情報収集力を身につけ、つねに先を読んで、課題を見つけられる挑戦心を養っていきたい。自身で考える「弱み」は本当に弱みか、弱みは強みでなはないのか、「強み」に代える策はないのか真剣に考えていきたい。	3ヶ月先 4
3	■ ⑦発言力 評価ランク：2 100点換算：50.04	自分の意見をわかりやすく整理した上で、相手に理解してもらうよう的確に伝えることはコミュニケーションの基本であるが、苦手意識がある。自分の意見をわかりやすく伝える努力も怠ってきたように思う。人から言われたことはきちんとやるが、自分から行動を起こすことが少ない、受身の自分に気がついた。正直なところ、与えられたものをこなすだけで精一杯なのが現状のような気がする。	今すぐ率先して企画したり、人を巻き込んで動かすことは難しいが、できることから始める。自分から人に話しかける、話が途切れ沈黙の時こちらから打開することを当面の目標にする。ある程度、長く話せるネタを持つことも必要だと思う。人見知りをなくす機会として チャレンジする。相手の立場に立ち分かりやすい表現をする。伝達方法を工夫や改善する。相手に応じた適切な態度で接するなどを課題とする。自身で考える「弱み」は本当に弱みか、弱みは強みでなはないのか、「強み」に代える策はないのか真剣に考えていきたい。	3ヶ月先 4
4	■ ⑫ストレスコントロール力 評価ランク：2 100点換算：50.04	これはストレスだと感じた場合、自分ひとりに負わされたものだと思い込んでしまうところがある。よく考えると多くの他人も同じように感じているのだろうが、それをどのように対処しているかをこれまで考えたことがなかった。ストレスを感じることがあっても、成長の機会だとポジティブに捉えて肩の力を抜いて対応することができればいいのだが、いろいろなことを考えすぎてしまい、どうしてもネガティブな方向にいってしまう。	目の前で起きたことを自身がどう判断するかによってストレスにもなるしストレスにならないことに気づいた。このことは、現象や事象に対する自身の認識や判断によってストレスを軽減或いは解消できることを意味する。これからは、ストレスと感じたことについて、友達にどう考えるかを聞くことを習慣づけたい。自身は深刻な悩み、だが友達はそう感じていないことに解決策があると思う。自身で考える「弱み」は本当に弱みか、弱みは強みでなはないのか、「強み」に代える策はないのか真剣に考えていきたい。	3ヶ月先 4
5	■ ①主体性 評価ランク：3 100点換算：54.21	何ごとも指示を待つことに慣れている自分に気づいた。自ら考え、課題をつくり、目標を立て達成手段を考え到達するための実行計画を立て、完遂まで地道に努力する習慣を身につける。このようなことは自分にとってはまだ先でいいような気持ちになっていたが、「楽あれば苦あり」のことわざ通り今の安逸な生活から現実直視の生活に一日も早く変えなければと思う。指示を待つより指示を出す方の側になりたい。	学業、学業以外に分け、自身の課題を抽出する。学生時代に描いているビジョンを卒業後の将来ビジョンとの摺り合わせが前提となる。方向性を決め、いま何をなすべきか、3ヶ月先にどうなっていたいかをイメージする。イメージが描けたら、実現させるための具体策を立てる。これが目標であり課題となる。何ごとにも指示を待つのではなく、自らやるべきことを見つけて積極的に取り組む姿勢を大事にしたい。自身で考える「弱み」は本当に弱みか、弱みは強みでなはないのか、「強み」に代える策はないのか真剣に考えていきたい。	3ヶ月先 4

図表29　新卒採用予定者対象・即戦力化のための「実践的内定者教育」

シラバス案

10月　内定者教育（集合教育）・初回（1日）	
09：00−09：30	会社概要　講義（30分）
09：30−10：00	内定者教育実施計画　講義（30分）
10：00−10：30	当社の「ビジネスコーチ制度」講義（30分）
10：30−11：00	社会人基礎力とは　講義（30分）
11：00−12：00	社会人基礎力　職務遂行能力測定実施　受検⇒採点⇒作表（60分）
13：00−14：00	GD（60分）テーマ　自身の強み（さらに強めるには）・弱み（人並みに引き上げるには）
14：00−15：30	社会人基礎力　能力要素　自己診断結果にもとづく能力開発計画　策定〈強み／弱み〉　ワークシート作成作業（90分）
15：30−17：00	GD（90分）テーマ：私の能力開発計画について語る
17：00−17：50	「私の能力開発計画」加筆・修正の上、提出　作業（50分）
17：50−18：00	ビジネスコーチによる「私の能力開発計画」添削支援スケジュール　講義（10分） 終講

11月　ビジネスコーチによる能力開発計画添削指導（傾聴⇒承認⇒質問）

12月　内定者教育（集合教育）・2回目	
09：00−10：00	当社の組織　講義（60分）
10：00−11：00	職業適性検査受検（60分）
11：00−12：00	自身の活躍分野をどこに求めるか（短期⇒中期⇒長期）講義（60分）
13：00−14：00	社会人基礎力　職務遂行能力測定実施　2回目受検⇒採点⇒作表（60分）
14：00−15：00	GD（60分）テーマ：自身の活躍分野を想定して　自身の強み（さらに強めるには）・弱み（人並みに引き上げるには）
15：00−16：30	自身の活躍分野を想定して　社会人基礎力　能力要素　自己診断結果にもとづく能力開発計画〈強み／弱み〉　ワークシート作成作業（90分）
16：30−17：30	GD（60分）テーマ：私の能力開発計画を語る
17：30−17：50	「私の能力開発計画（2回目）」加筆・修正の上、提出　作業（20分）
17：50−18：00	ビジネスコーチによる「私の能力開発計画」添削支援スケジュール　講義（10分） 終講

1月　ビジネスコーチによる能力開発計画添削指導（傾聴⇒承認⇒質問）

2月　内定者教育（集合教育）・3日目	
09：00−10：00	ストレスに強くなるには〈不合理な考え方からの解放〉　講義（60分）
10：00−11：00	先輩社員からのアドバイス　講義（60分）
11：00−12：00 13：00−14：00	コミュニケーション力を向上させるコーチングスキル　講義（120分）
14：00−15：00	社会人基礎力　職務遂行能力測定実施　3回目受検⇒採点⇒作表（60分）
15：00−16：30	自身の活躍分野を想定した　社会人基礎力　能力要素　自己診断結果にもとづく能力開発計画〈強み／弱み〉　ワークシート作成作業（90分）
16：30−17：30	GD（60分）テーマ：私の能力開発計画を語る
17：30−17：50	「私の能力開発計画（3回目）」加筆・修正の上、提出　作業（20分）
17：50−18：00	ビジネスコーチによる「私の能力開発計画」添削支援スケジュール　講義（10分） 終講

3月　ビジネスコーチによる能力開発計画添削指導（傾聴⇒承認⇒質問）

5　内定者教育の成果を確実なものとする世話役制度

さて、この添削指導は誰が担当したらいいでしょうか。

毎年プロパー正社員が配属されている部署のサブリーダー／リーダークラスが受け持つことが望ましいです。「世話役制度」「メンター制度」「チューター制度」「バディー制度」ともいえます。添削指導は3回に亘りますが、都度親身になってきめ細かく面倒を見る過程において人材育成のツボが修得できます。これはまさしく管理者育成教育です。添削指導は、プロパー正社員の育成と同時に管理者育成教育を兼ねる一石二鳥の効果を狙って行えます。

人材育成には指導スキルが要求されます。サブリーダー／リーダーたちに人材育成のノウハウ／スキルを伝授せず、好きなように指導させておくとどういうことが起きたでしょうか。「面倒を見てやってほしい」と頼めばどんなことが起きたでしょうか。これまでの自身の成功体験にもとづき「こうやったらうまくいったのでこうするべきだ」「うまくいかなかったのは頑張りが足りなかったからだ」「上から目線で、いった通りやればうまくいく」となりがちです。指導者ごと指導の仕方が異なり不統一な指導となります。指導される側は「また自慢話が始まった。これまでにもその話は何回となく聞いている。時代が違うよ。自分でやったら」という気になりがちです。このような指導の下に育つ社員を「ヒラメ社員」といいます。ヒラメという魚は両目が上を向いています。つねに上司の指示通り仕事をするようになります。うまくいかなかった場合、「上司の言う通りやりました。私は悪くありません。」が口癖となります。こうなると組織のモラールが低下し、業績は上がらず上司部下間のコミュニケーションは最悪となり沈んだ職場となってしまいます。部下に生き生きと仕事をしてもらうには、部下の自主性を最大限尊重し、自発的な行動をしやすい職場をつくり出す以外にありません。

自発的な職場づくりにおける管理職のマネジメントスキルとして必須の術が「コーチング」です。コーチング技術に長けた「ビジネスコーチ」を「世話役制度」の主人公としたいものです。次章では、コーチングを取り上げます。

第11章

ビジネス・コーチ養成とコーチング概論

1　コーチングとは

コーチングとは、相手が何を考えているのか、どういう方向を望んでいるのかを、相手自身に考えさせ気づきを与え自発的な行動を促すものです。押し付けではなく、自分で考えて行動に移ることから相手のモチベーション向上に多大な効果があります。相手に自分の思いを的確に伝えたい、相手の思いを的確に捉えたい、相手を自発的に動かしたい、これぞと見込んだ人には頑張ってもらいたい、そのためにはどういうコミュニケーションを取ればいいのかを知っていて行動することのできる人が求められています。人が二人いれば、広義の意味でのコミュニケーションを取ることが必要になります。相手の持っている能力や可能性を最大限引き出し、自発的な行動を促進するのが、コーチングの最大のポイントです。コミュニケーションのあり方、自分を知り、相手を知り、どのように相手に接していけばいいのか、相手に信頼される、相手の心をつかむにはどうしたらいいかなどを考えたときに有効なビジネス・スキルが「コーチング」なのです。
コーチングはコミュニケーション能力強化、信頼関係構築に絶大な効果があります。これからの時代のすべての人に、必要かつ欠くことのできないスキルです。

図表30　リーダーに必須のマネジメントスキル

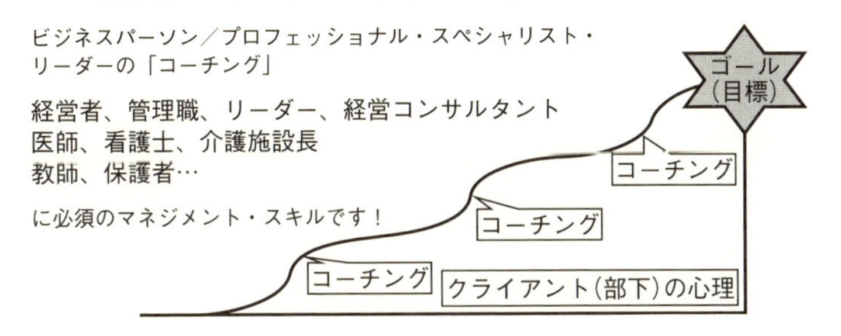

2　今、なぜコーチングなのか

「知識」「情報」「答え」を持っている第一線のことを大切にすることが必要になったということです。「ものごとは会議室で起こっていない、ものごとは現場で起こっているのです。そして同じことは起こっていないのです。」

・販売者が売るための「営業」から、お客様が求めているものの「営業」に
・作り手の作りたいものの「生産」から、使う人が使いたいものの「生産」に
・上司が指揮命令する「組織」から、部下の考えを聞く「組織」に
・社長の思いを形にする「会社」から、社員の思いを形にする「会社」に
・先生が一方的に教える「学校」から、生徒の気持ちを大切にする「学校」に
・親の目で見る「家庭」から、子供の視線に立った「家庭」に
・医者の指導による「医療」から、患者の気持ちを大事にした「医療」に
・政治家が人々を啓蒙する「政治」から、市民の市民のため

の「政治」に

このように「知識」「情報」「答え」を持つ人が大きく変化しているのです。

「知識」「情報」「答え」を持っているのは、過去の経験者である上司ではなく、今、第一線で働いている人たちです。「知識」「情報」「答え」を持っている第一線の人のことを大切にすることが必要となったわけです。「知識」「情報」「答え」を持っている第一線の人が、他人から指導を受けるのではなく、自ら考えて行動に移すことができるようにならなければならないのです。これを可能にするマネジメントスキルが「コーチング」です。上司の責務はこのスキルを現場で駆使し業績を上げることです。

3　マネジメントスタイルの変化

従来の強制型コミュニケーションから、共生型コミュニケーションへと変わりました。それは指示・命令を与えるやり方から、質問するやり方に代わったということです。「指示・命令を与えるやり方が」ティーチング「質問するやり方」がコーチングです。

「ティーチング」とは。

・知っている人が知らない人の手助け（ヘルプ）します。
・知っている人が知らない人に教えます。
・知っている上司が知らない部下集団をまとめて説明します（一対大勢）となります。
・知っている上司が知らない部下を指導します（上下関係）。
・知っている上司の私が話します（上司が話したいことを話します）。
・上司が主体のコミュニケーションのあり方⇒部下を管理監督するという感覚です。

「コーチング」とは

・進みたい個人に対してコーチが手助け（サポート）します。
・相手の気持ちに立って、質問を通じてやりたいことを引き出します。

・部下一人ひとりの思いを大事にします（一対一となります）
・行動しようとする部下を上司が支援します（協働関係）
・情報を持っている部下が話をします（部下に自然に話をさせます）
・部下が主体のコミュニケーションのあり方⇒上司が部下の気持ちをうまく引き出すという感覚です。

「ティーチング」		「コーチング」
指示・命令型	⇒	質問型
コミュニケーション		コミュニケーション
ヘルプ		サポート
教える		引き出す
一対大勢		一対一
上下関係		協働関係

4　コーチングの構造

コーチングは、①傾聴②承認③質問の順で構成されます。おのおのの概略は次の通りです

コーチングにおける傾聴とは：積極的に耳を傾けて、話を聴く。話し手のその心の内にある感情や情感を聞き取ります。聴き手がそうすることによって、話し手は自分の気持ちをできる限り正確につかみ、表現しようと努力するようになるものです。主役は話し手、聞き役はわき役です。「聴く」というのは、相手の言葉を聴き「心の内面を捉えようとすること」と定義されています。

同じような言葉に「訊く」「聞く」があります。「訊く」は尋ねること。尋問することです。訊き手がひたすら質問します。訊き手の訊きたい答えを訊き出すために、訊き手が話し手を追い込むようにする姿勢。

「聞く」は聞こえる。「聞く」というのは、相手の声や言葉が聞こえてくるということで「音声として耳に入ってくる」ことを指します。聞き手が自分の都合のいいところだけ聞いています。聞き手の都合の悪いことについては、聞こえていても聞いていない（上の空の状態）。聞き手の聞きたい言葉だけ選別して聞いています。

コーチングにおける承認とは：部下の行動・考え・発言を認め、指示することと定義されます。つまり「承認」とは、部下のすべてを認める、その存在すら認めるということです。そしてコーチ（上司）が部下を「承認」していることを、口に出して部下に伝える行為です。「承認」とは部下のいいところを見つけて、ほめることにあるといわれています。たしかに、ほめられるといい気持ちになり、モチベーションがあがるものです。そして、けなされるといっぺんにやる気を失うのが人間の常です。たしかに「承認」とは、相手を「ほめる」ことにはちがいありません。しかしながら、むやみにほめて、おだてたらそれでいいのかというと、そうではないのです。コーチ（上司）の「ほめる」とは「相手の存在を認めた上で、ほめる」というところがポイントになります。つまり「承認」とは、たんなる結果をほめるのではなく、相手の存在を認めた上で、その成長や変化をほめるのです。そのためには、部下のそれ以前の行動や発言、役割などを覚えておかなければならなりません。そうでないと成長や変化というものがわからないからです。

コーチングにおける質問とは：コーチングが従来型のマネジメントともっとも異なる点は、質問型コミュニケーションであるということです。したがって「質問する」ということは、コーチングにおけるもっとも重要なスキルであるといえます。とはいうものの、ただやみくもに質問すればいい、というわけではありません。部下の気づきを促すような、的確な質問を行うことが重要となります。コーチングでは「すべての答えは相手の中にある」ことを基本としていますが、多くの場合、部下は「答えが自分の中にある」とは気づいていないものです。従来型の上から指示命令されるコミュニケーションでは、答えは指示命令する上司のほうが持っているのです。従来型のコミュニケーションに慣らされている部下に対して、部下が本来持っている答えをいかに引き出すか、そのためにどのような質問をするかが重要となります。コーチ（上司）はコーチの質問に部下が答える過程で、部下が自ら考え、気づき、ひいては行動に移るようなコーチングを行い支援するわけです。

図表31　コミュニケーションサポート（支援）

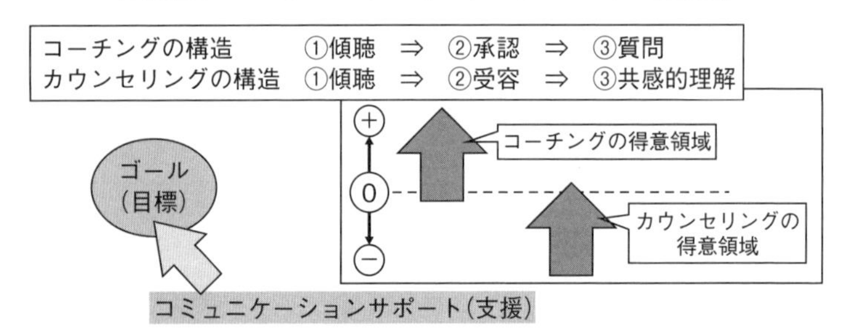

5　ビジネス・コーチ養成（世話役の養成）

内定者教育は、入社日においてプロパー新入社員全員が社会人基礎力12の能力要素すべてにおいてランク５に到達するよう添削指導の方法によって行います。指導者はプロパー正社員をこれまでに受け入れている職場のサブリーダー／リーダーを選抜して「世話役」と命名しその任にあたらせます。世話役には事前にコーチングスキル修得のために「コーチング・基礎・二日間研修」を実施します。以下にシラバスを示します。教材は「コーチング・基礎・テキスト」です。参考までに研修シラバスを載せます。（図表32）

組織における上下間のコミュニケーションは従来の強制型コミュニケーションから、共生型コミュニケーションへと変わりました。「ティーチング」から「コーチング」へと変わったのです。コーチングスキルの修得を選抜したサブリーダー／リーダーに限定して実施していても、組織のコミュニケーションスタイルは変わりません。その効果は内定者教育終了と共に霧消してしまいます。定着を図るためにすべての管理職、リーダー／サブリーダーに必須のマネジメントスキルとして「コーチング」を身に付けさせることが必要です。（図表33）

図表32　コーチング・基礎・二日化研修シラバス

上からの押し付けではなく主体的に参画し自らが気づき・実践することを促すコミュニケーション⇒コーチング　【1/2】

「コーチング／コミュニケーション力向上」教育訓練２日間コース
講義シラバス
【１日目　9：00～17：00】

時　　間	時間配分	内　　　　容
9：00～09：50	50分	講師挨拶 Step１．コーチングの基礎 １．コーチングとは何か 休憩（10分間）
10：00～10：50	50分	２．コーチングの生まれた背景 休憩（10分間）
11：00～12：00	60分	３．コーチングの重要性 昼食（60分間）
13：00～13：50	50分	４．コーチングの５原則 ワークシート：「理解度測定シート」 休憩（10分間）
14：00～14：50	50分	Step２．コミュニケーション（基礎） １．コミュニケーションスキルの重要性 休憩（10分間）
15：00～15：50	50分	２．人への対応 ワークシート：「コンピテンシーチェックシート」 休憩（10分間）
16：00～17：00	60分	３．人の心理 ４．コミュニケーション向上技法 ワークシート：「スキルチェックシート」
		本日のまとめ

上からの押し付けではなく主体的に参画し自らが気づき・実践することを促すコミュニケーション⇒コーチング　【2/2】

「コーチング／コミュニケーション力向上」教育訓練２日間コース
講義シラバス
【２日目　9：00～17：00】

時　間	時間配分	内　容
9：00～09：50	50分	講師挨拶 Step３．コーチングスキル①傾聴 １．傾聴とは何か ２．傾聴の重要性 休憩（10分間）
10：00～10：50	50分	３．傾聴される側の心理 ４．傾聴の事例研究 休憩（10分間）
11：00～12：00	60分	ロールプレイング（傾聴技法） ワークシート：「『傾聴』演習シート①」 昼食（60分間）
13：00～13：50	50分	Step４．コーチングスキル②承認 １．承認とは何か ２．承認の重要性 ３．承認される側の心理 ４．承認の事例研究 休憩（10分間）
14：00～14：50	50分	ワークシート：「『承認』演習シート①」 Step５．コーチングスキル③質問 １．質問とは何か ２．質問の重要性 休憩（10分間）
15：00～15：50	50分	３．質問される側の心理 ４．質問の事例研究 ワークシート：「『質問』演習シート①」 休憩（10分間）
16：00～17：00	60分	Step６．ビジョンコーチング １．GROW モデル ２．ビジョンコーチング（個人課題　セルフコーチング実施）
		２日間訓練総まとめ

図表33　コーチングの必要性

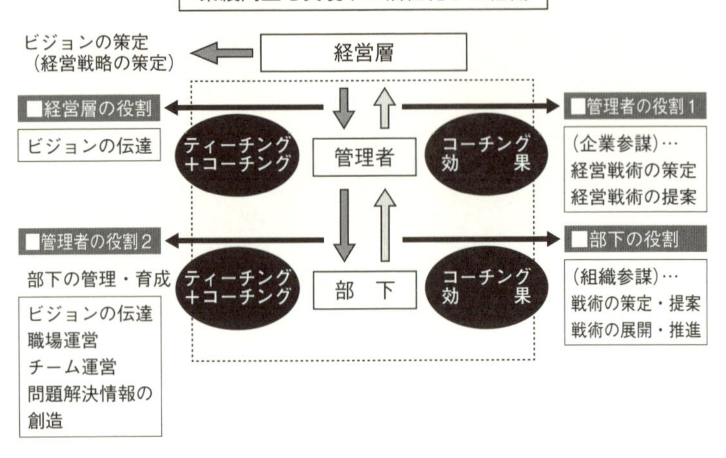

あとがき

ここまで、グループディスカッション選考を中心にして、「辞めない社員」「打たれ強い社員」を採る方法を解説してきました。どれも、私どもがコンサルティングさせていただいている企業で実績を上げてきた手法です。よく読み込んでいただければ、人材育成について、簡単なようでいて、実に的を射ているのがお分かりいただけるようになっています。日本のサラリーマンにもっと活き活きと働いていただきたい、そのために、真正面から、法的な制度、データから踏み込んで解説しました。

きたる東京オリンピック後の縮小傾向と予測される経済状況下に向けて、自社内にノウハウを蓄積して、体力がある会社だけが生き残るのは自明の理です。正社員と非正規社員の格差や新卒の一括採用、年功序列の給与制度など、グローバル社会で成果を出すには、変わらなくてはならない問題が山積しています。そして、目の前の問題、人材不足に悩んでいるのは、どこも同じです。それでも「大卒の３割近くが、正社員になれない」「新卒３年以内の離職率が約３割」という層を企業人として教育できれば、どの企業でも、人材不足の解消、そして大きな問題解決の緒となります。経営者と採用担当者は、理念を浸透し全うするために、ヒントを得た人材育成の仕組み作りに、即取り掛かっていただきたいです。

読んでくださった皆さまにとって、少しでも変化がありましたら幸甚です。

末筆になりますが、データ使用を快諾くださった株式会社クロス・マーケティング様、出版にご尽力くださった（株）産労総合研究所　出版部　経営書院に感謝いたします。

新卒採用コンサルタント
プロフェッショナル・キャリア・カウンセラー®
株式会社キャリア・ブレーン　取締役　白根敦子

著者プロフィール

白根敦子

新卒採用コンサルタント。プロフェッショナル・キャリア・カウンセラー®
父である人材コンサルタントの白根陸夫（74歳）と共に、企業と個人が理念を協働して全うするための施策を提案。理念を浸透、仕組化する人事制度設計、外部ノウハウを内製化するコンサルティングに長けている。キャリア形成、生涯現役を支援するプロフェッショナル・キャリア・カウンセラー®養成講座を開講。受講生は、全国で4,000名を超える。
慶應義塾大学環境情報学部卒。外資系下着メーカーに勤務、商品企画を経て退社後、株式会社キャリア・ブレーン（1996年創業） 取締役に就任。
NPO プロフェッショナル・キャリア・カウンセラー協会　理事
日本ペンクラブ会員 No.32115
人材育成を生涯現役として全うすることを志している。日本酒を海外に広めるライフワークでも日本酒伝道師®を育てる講座を全国で開催している。

株式会社キャリア・ブレーン HP http://www.cb-tokyo.co.jp
NPO/特定非営利活動法人日本プロフェッショナル・キャリア・カウンセラー協会 HP
http://www.jipcc.or.jp

新卒がすぐに辞めない採用方法

2017年12月18日　第1版第1刷発行

著　者　白根敦子
発行者　平　盛之

発行所
㈱産労総合研究所
出版部 経営書院

〒112-0011　東京都文京区千石4-17-10
産労文京ビル
電話　03-5319-3620
振替　00180-0-11361

印刷・製本　中和印刷株式会社

ISBN978-4-86326-253-9 C2034